Las cruzadas

Un apasionante recorrido por un acontecimiento de la historia cristiana que tuvo lugar en la Edad Media

Índice

Introducción: ¿Luchar del lado de Dios?

«Si uno es un ortodoxo griego que habla árabe y va a una escuela francesa, se vuelve profundamente escéptico si tiene que escuchar tres relatos diferentes de las cruzadas: uno del lado musulmán, otro del griego y otro del católico».

—*Nassim Nicholas Taleb*

A lo largo de los siglos, se ha discutido sin cesar sobre el origen de las cruzadas y por qué se produjeron. En las primeras versiones de la historia, las cruzadas solían explicarse como una simple misión defensiva para proteger a los peregrinos cristianos a Tierra Santa, defender el asediado Imperio bizantino (la actual Turquía) y recuperar Tierra Santa, perdida para la cristiandad cuando las fuerzas islámicas se apoderaron de ella en el siglo VII.

Por supuesto, estas motivaciones tenían fuertes connotaciones religiosas. Sin embargo, en el siglo XIX, cuando la fervorosa pasión por el cristianismo estaba en declive y daba paso a una multitud de racionalistas, se desarrollaron nuevas interpretaciones. Fue en esta época cuando se exploraron los motivos ocultos de las cruzadas. Los que hicieron este análisis casualmente vivieron durante un periodo de gran colonización europea. Eran los días del «reparto de África», en la que casi toda África (excepto Etiopía y Liberia) estaba siendo colonizada rápidamente por potencias europeas.

Por lo tanto, no es de extrañar que los eruditos del siglo XIX dejaran de lado el fervor religioso como factor motivador y vieran las cruzadas de otra manera. Para los analistas más racionales, los cruzados parecían una especie de protocolonizadores.

Pero, ¿se trataba solo de eso? ¿Nada más que un sangriento acaparamiento de tierras en Oriente Próximo? *Difícilmente*. Cualquiera que se tome el tiempo de comprender a fondo lo que condujo a las cruzadas y sus implicaciones se dará cuenta rápidamente de que tales racionalizaciones son totalmente absurdas.

Puede que hoy en día nos resulte difícil comprender el poder absoluto que la religión tenía sobre las masas durante la Edad Media (al igual que le ocurría a la gente en el siglo XIX), pero cualquier análisis de las cruzadas sería lamentablemente inexacto si no tuviera en cuenta estos aspectos. Y considerando lo violentas y sangrientas que acabaron siendo las cruzadas, puede que haya quien no quiera considerar la religión como un factor motivador en absoluto.

Pero está claro que lo fue. Un fatídico día de 1095, el papa Urbano II llamó a las armas para salvar a sus hermanos cristianos de Oriente, que estaban siendo invadidos por las fuerzas del islam. Los que lo escucharon no pensaban en la colonización. El fervor religioso agitaba sus corazones y, como un solo hombre, las masas reunidas que escucharon el grito de guerra del papa declararon: «¡Dios lo quiere!».

Para los conocedores de la historia cristiana (y católica, en particular), esa frase no es una coincidencia. La frase procede de la Regla de san Agustín. En el siglo IV, justo antes de la caída del Imperio romano de Occidente, san Agustín expuso sus creencias sobre cuándo el derramamiento de sangre podía ser la voluntad de Dios.

Antes de esto, los cristianos del Imperio romano tenían verdaderos problemas con la noción de participar en la violencia. No es de extrañar, ya que Jesucristo abogaba por la no violencia. Esto condujo comprensiblemente a cristianos de mentalidad pacifista, pero se convirtió en un verdadero problema después de que la mayor parte del Imperio romano se convirtiera al cristianismo. Dado que las enseñanzas de Cristo promovían métodos no violentos, cada vez era más difícil encontrar soldados dispuestos a coger la espada para defender Roma.

Y como esta lucha ideológica persistía, el Imperio romano se desesperó. Necesitaba un ejército fuerte para defenderse de los bárbaros que crecían en fuerza y golpeaban incesantemente las puertas. Este dilema llevó a Agustín a dictar la llamada «causa justa» para la violencia, en la que el pueblo lucharía porque Dios así lo quería.

Sí, podemos agradecer a san Agustín el grito de guerra que se escuchó durante el discurso del papa Urbano. Y también podemos agradecerle la mentalidad que llevó a los cristianos a creer que de alguna manera estaban luchando del lado de Dios.

Primera parte:
Las cruzadas en Tierra Santa

Capítulo 1: Orígenes y antecedentes

«No hay nada intrínseco que vincule a ninguna religión con ningún acto de violencia. Las cruzadas no prueban que el cristianismo fuera violento. La Inquisición no prueba que el cristianismo torturara a la gente. Pero que el cristianismo sí torturaba a la gente».

—Salman Rushdie

¿Dónde empezó todo? ¿Cuáles fueron los orígenes de las cruzadas? Todo empieza y termina en Tierra Santa. En realidad, fue un emperador bizantino cristiano el primero en librar una sangrienta guerra para mantener Tierra Santa en su poder; ¡sin duda, se trataba de un territorio muy disputado! Para los que no lo sepan, los bizantinos eran una rama del Imperio romano. Tras la caída del Imperio romano de Occidente en el siglo IV, sobrevivió la mitad oriental, que incluía el Levante. Por aquel entonces, los bizantinos ni siquiera se consideraban parte de otro imperio, sino el Imperio romano.

En el siglo VII, el emperador bizantino perdió Tierra Santa. Luego hizo la guerra y la recuperó. Y volvió a perderla. Los antagonistas iniciales del emperador no fueron los ejércitos del islam (aunque llegarían más tarde, en el mismo siglo). No, el primer gran adversario del Imperio bizantino que puso sus ojos en Jerusalén fue el Imperio sasánida, también conocido como Imperio neopersa. Los persas tomaron Jerusalén en el año 614 de la era cristiana. Se cree que muchos cristianos murieron durante el asedio y que la Vera Cruz (la cruz en la que se cree que murió Jesús) fue capturada por los persas. El emperador bizantino Heraclio arrebató Jerusalén a los persas en 630.

Curiosamente, si echamos un vistazo atrás en la historia, no era la primera vez que el Imperio persa dominaba Jerusalén. Más de mil años antes de la conquista sasánida, el rey Ciro el Grande del Imperio aqueménida puso Jerusalén bajo su control. Este acontecimiento, documentado en el Antiguo Testamento de la Biblia, ocurrió en el año 539 a. e. c. Aunque Ciro controlaba la región, demostró ser un monarca benévolo. Fue famoso por poner fin al cautiverio babilónico.

Muchos exiliados judíos, incluidos los grandes profetas Daniel y Ezequiel, habían sido llevados cautivos por el rey Nabucodonosor del Imperio babilónico. Después de que los babilonios fueran derrotados por Ciro, a los exiliados judíos se les permitió regresar y reconstruir su ciudad. Más tarde, Jerusalén sería dominada por una serie de imperios.

En el año 630 de la era cristiana, el emperador bizantino Heraclio levantó sobre su cabeza la reliquia de la Vera Cruz y declaró: «Cuando Dios quiere, un hombre vence a mil. Así pues, sacrifiquémonos ante Dios por la salvación de nuestros hermanos. Que ganemos la corona del martirio para que seamos alabados en el futuro y recibamos nuestra recompensa de Dios».

Aunque consideramos el llamamiento del papa Urbano II en 1095 a una campaña religiosa y militar como el comienzo de las cruzadas, se podría argumentar fácilmente que las cruzadas se pusieron en marcha cuando el emperador Heraclio del Imperio bizantino declaró estas palabras y luego las puso en acción. Se podría decir que el celo religioso y el ataque militar, por los que las cruzadas serían conocidas, se unieron por primera vez durante el reinado de Heraclio.

Aun así, el triunfo de Heraclio sería efímero. Después de que los bizantinos expulsaran a los persas de Tierra Santa, el Imperio bizantino y el Imperio persa lucharon entre sí hasta llegar a un punto muerto. Ambas partes estaban completamente agotadas. Mientras estos dos imperios trataban de tomar aliento y recuperarse, las fuerzas del islam se levantaron, casi totalmente de la nada.

Mahoma ya había perecido (murió en 632), pero antes de morir impulsó a sus seguidores a extender el islam a tierras no musulmanas. En el 636, las fuerzas musulmanas marcharon sobre Jerusalén, pocos años después de que los bizantinos la hubieran recuperado a duras penas de manos de los persas. Jerusalén se rindió dos años después (algunos dicen que un año), y parece que no se derramó mucha sangre. Los musulmanes garantizaron libertades a los cristianos a cambio del pago de la *yizia* (un impuesto). También se permitió a los judíos volver a vivir en la ciudad; hacía más de quinientos años que no se les permitía establecerse en Jerusalén.

El califato Rashidun también invadiría Persia. Debido a ello, Irán (el nombre actual de Persia) es predominantemente musulmán en lugar de abrazar su religión ancestral, el zoroastrismo.

Teniendo en cuenta la rápida expansión del islam, la pregunta natural que surge es ¿por qué? Y, en particular, ¿por qué los sucesores de Mahoma tenían interés en asegurar Tierra Santa bajo su dominio? En primer lugar, hay que comprender los fundamentos de la fe islámica. Aunque suele haber mucha confusión y malentendidos, el islam cree en el mismo Dios monoteísta que el judaísmo y el cristianismo.

Sin embargo, no cabe duda de que existen muchas diferencias religiosas. Pero, aun así, es importante recordar que, para los musulmanes, el término «Alá» es simplemente otro nombre para el mismo Dios al que rezan cristianos y judíos. Mahoma creció en un mundo inundado de influencias religiosas, y estaba plenamente inmerso en las creencias tanto del judaísmo como del cristianismo.

Tras la supuesta visita del ángel Gabriel (*Gibreel* en árabe), Mahoma se sintió impulsado a difundir un nuevo mensaje religioso. Sí, el mismo Gabriel que protagoniza la historia de Navidad e imparte la noticia de la inminente concepción y nacimiento de Cristo a María es el que los musulmanes creen que visitó al profeta Mahoma.

El Corán es básicamente un resumen de los hechos ocurridos en el Antiguo Testamento y el Nuevo Testamento de la Biblia. Los nombres suelen modificarse en las traducciones árabes —Moisés es Musa, Noé es Nuh, Jesús es Isa, etc.—, pero los acontecimientos y personajes básicos son los mismos. Sin embargo, existe una gran diferencia entre el cristianismo y el islam, ya que Mahoma afirmó que Jesús nunca dijo que fuera el hijo de Dios.

El ángel Gabriel supuestamente impartió a Mahoma que la noción de que Jesús era el hijo de Dios era una gran exageración. Mahoma fue informado de que Jesús nunca dijo tal cosa y que se trataba de una afirmación inventada por otros después de que Jesús falleciera. Para que quede claro, el Corán afirma que Jesús fue un gran profeta y que realizó milagros increíbles, al igual que afirma el Nuevo Testamento. Sin embargo, el Corán insiste en que Jesús no era el hijo de Dios.

De hecho, hay un capítulo del Corán que aborda esta cuestión llamado «la mesa servida». La traducción española del título árabe suena casi cómica, y el famoso versículo de este capítulo sigue la misma línea, ya que afirma: «Isa [Jesús] hijo de Marium [María] solía comer alimentos». Esta afirmación suena absurda, pero hay una buena razón para hacerla. Demuestra que Jesús era un ser humano corriente que solía comer alimentos como todo el mundo.

Se puede encontrar una elaboración de este tema en el versículo coránico de «la mesa servida», Surah 5:75:

> «El mesías, hijo de Marium, no es más que un apóstol; apóstoles antes que él ciertamente han fallecido; y su madre era una mujer veraz; ambos solían comer alimentos. Mira cómo les aclaramos las comunicaciones, y luego he aquí cómo se apartan».

Otro aspecto interesante de centrarse en la noción de que Jesús solía comer alimentos es la tradición religiosa de que los seres celestiales, como los ángeles, no comen alimentos. El libro apócrifo de Tobías, que se puede encontrar en algunas Biblias cristianas, cuenta una historia del ángel Rafael que enfatiza este punto. Se dice que Rafael se disfraza de ser humano y, en un momento dado, incluso tiene que fingir que come para mantener intacto su disfraz.

En cualquier caso, el principal objetivo del islam era corregir «errores» percibidos como este y reafirmar que no existía la Trinidad; solo había un Dios soberano. A lo largo de los siglos, los musulmanes gritaban: «¡Allah Akbar!». («¡Alá es más grande!»).

Los musulmanes creían de verdad, al igual que los judíos y los cristianos antes que ellos, que eran ellos quienes tenían la verdadera revelación divina de Dios. Y como afirmaban creer en el mismo Dios abrahámico que los judíos y los cristianos, insistían en que eran los legítimos herederos de Tierra Santa. Creían que Jerusalén debía estar bajo la custodia de administradores musulmanes.

El islam se convertiría en una poderosa fuerza a la que enfrentarse. En el momento en que el papa Urbano II llamó a recuperar Tierra Santa de las fuerzas conquistadoras del islam, prácticamente todo Oriente Medio, Oriente Próximo y el norte de África estaban bajo dominio musulmán. Y ese no era el final de la historia, pues Mahoma había enseñado a continuar la lucha hasta que el mundo entero perteneciera a *Dar al-Islam*, o la casa del islam.

Hasta entonces, todas las naciones fuera del control o la influencia musulmana serían consideradas parte de *Dar al-Harb*, o la casa de la guerra. la casa de la guerra se consideraba un lugar de caos sin luz; la verdadera luz del islam no podía brillar allí ni guiar a la gente. Los que vivían en la casa de la guerra eran considerados hostiles a los preceptos del islam. Por lo tanto, se creía que debían hacerse esfuerzos para permitir que la revelación del islam llegara también a *Dar al-Harb*.

Por supuesto, hoy en día la mayoría no se toma a pecho una interpretación tan radical. Sin embargo, no se puede negar que los sucesores de Mahoma y sus enormes ejércitos impulsaron la expansión del islam. Querían crear un imperio que fuera seguro para que los musulmanes practicaran su fe y también la difundieran a los demás. En sus mentes, todo el mundo debía oír hablar del camino de Alá, ya que era simplemente la forma correcta de vivir. Esto puede sonar similar, ya que también era así como los cristianos veían su religión en ese momento.

Y así, la expansión islámica continuó. Los corsarios islámicos del norte de África desembarcaron en España y se apoderaron de gran parte de la península ibérica. Los conquistadores musulmanes se adentraron en Francia. Sicilia también fue tomada. A menudo se olvida lo mucho que la Europa cristiana estaba a la defensiva en ese momento. Teniendo en cuenta todo esto, la verdad es que, si el papa no hubiera impulsado las fuerzas de la cristiandad para hacer frente a los ejércitos invasores del islam, Europa tenía muchas posibilidades de ser invadida.

Los cristianos habían estado durante mucho tiempo a la defensiva cuando se trataba de los musulmanes, pero con el llamado del papa Urbano a una cruzada contra el islam en 1095, finalmente pasarían a la ofensiva. Así que, junto con la pretensión de defender a los bizantinos y recuperar Tierra Santa, no sería demasiado exagerado decir que también estaba en juego la defensa de Europa. Aunque Tierra Santa y el Imperio bizantino acabarían perdiéndose, España, partes de Francia y Sicilia fueron recuperadas para la cristiandad. Antes de la intervención del papa Urbano, estas regiones se encontraban en una situación peligrosa.

Urbano II no fue el primer papa que se planteó convocar una cruzada. Su predecesor, el papa Gregorio VII, reflexionó sobre ello en 1074 al ver la peligrosa situación del Mediterráneo, declarando que era hora de que la cristiandad «tomara las armas contra los enemigos de Dios y avanzara hasta el Sepulcro del Señor bajo su supremo liderazgo».

Independientemente de lo que se pueda decir sobre los abusos y motivaciones posteriores de los cruzados, no cabe duda de que fue la invasión islámica lo que desencadenó la llamada inicial a las armas.

En el momento en que se convocó la primera cruzada, las fuerzas musulmanas no habían dejado de asediar a los cristianos bizantinos en Oriente. La petición de ayuda del emperador bizantino contra esta amenaza se transformaría en un llamamiento más amplio para dar gloria a la cristiandad y recuperar el lugar de nacimiento del cristianismo: Tierra Santa.

Aunque hubo otros motivos y acontecimientos que impulsaron las cruzadas, la lucha contra la invasión islámica fue su origen fundamental. A medida que las fuerzas del islam se adentraban cada vez más en tierras cristianas, solo cabían dos posibilidades: o las naciones cristianas se derrumbaban y se sometían con avidez al islam, o se desencadenaba una guerra santa cataclísmica. Como la historia puede atestiguar, fue esto último lo que sucedió.

Capítulo 2: La cruzada popular y la primera cruzada

«Si alguna vez hubo una guerra religiosa llena de terror, fueron las cruzadas. Pero no se puede culpar al cristianismo porque unos cuantos aventureros lo hicieran».

—*Moustapha Akhad*

Incluso antes de que los primeros ejércitos profesionales de Europa descendieran sobre Tierra Santa, los primeros en llegar a la escena no pertenecían a las clases caballerescas o nobles. Más bien, una chusma de masas empobrecidas liderada por un predicador itinerante conocido como Pedro el Ermitaño se abrió camino hacia el este. Esta marea masiva de campesinos se conocería como la cruzada popular. En esta cruzada no oficial, que había sido inspirada por el llamamiento a las armas del papa Urbano II, las palabras de un apasionado predicador incitaron a las masas pobres y apiñadas de Europa occidental para tomar la cruz y «combatir el buen combate».

Imagínense a este monje de pie en medio de una pobre aldea medieval, hablando de cómo todos los buenos cristianos debían emprender la lucha contra el mal. Puede que hoy nos cueste entenderlo, pero entonces la gente se tomaba en serio las palabras de este predicador incendiario. Los campesinos dejaban literalmente todo lo que estaban haciendo para seguir a este «Flautista de Hamelin» dondequiera que los llevara.

Los campesinos abandonaban los campos y los panaderos dejaban su pan para seguir a Pedro el Ermitaño y enfrentarse a los «infieles» de Oriente Próximo. A pesar de que el papa había ordenado a los soldados profesionales de Europa que se tomaran su tiempo para prepararse antes de desembarcar en la fecha preestablecida del 15 de agosto de 1096, los que participaron en la cruzada popular estaban tan ansiosos y celosos que prácticamente no hicieron ningún preparativo.

Partieron por su propia voluntad poco después de la llamada inicial a las armas del papa en noviembre de 1095. Esta turba desorganizada causaba problemas por donde pasaba. A su paso por Europa central, la cruzada popular asaltó con saña asentamientos judíos por el mero hecho de profesar una fe diferente. Este grupo de merodeadores tampoco llevó consigo los suministros adecuados, por lo que se produjo el bandidaje, con la gente vagando por el campo y robando todo lo que podían.

Aunque estas cosas no parezcan cristianas, la cruzada popular sembró el terror en innumerables pueblos de Europa. Cuando llegaron a los Balcanes y se acercaron a las fronteras del Imperio bizantino, causaron aún más problemas acosando a los lugareños. Esto provocó varios enfrentamientos con las autoridades bizantinas, pero el grupo consiguió llegar a Constantinopla, la capital bizantina. El emperador bizantino, Alejo I Comneno, se lavó rápidamente las manos y los envió a Asia Menor, ocupada entonces por los musulmanes turcos.

En las cercanías de Nicea, ciudad bizantina en otro tiempo grandiosa, pero entonces ocupada por los turcos, el sultán Kilij Arslan I del Imperio selyúcida no tardó en acabar con los aspirantes a cruzados de Pedro el Ermitaño. Aunque los campesinos europeos eran buenos acosando a aldeanos desarmados, este desagradable grupo resultó totalmente ineficaz contra las fuerzas profesionales de los turcos. La mayoría de esta turba mal entrenada no tenía armadura, y algunos ni siquiera tenían armas adecuadas. Imagínense a gente blandiendo cacerolas, sartenes y palos de escoba contra una cimitarra turca. Con esta imagen en mente, se puede entender fácilmente el desastre absoluto que fue esta batalla.

Los propios turcos debieron de asombrarse ante el absurdo cómico de este extraño espectáculo, de esta banda de harapientos que de repente se les había echado encima. En cualquier caso, la cruzada popular fue aniquilada casi por completo. La primera cruzada —la primera cruzada oficial— sería un asunto totalmente distinto. La gente que luchó en la primera cruzada se tomó su tiempo para prepararse. Su campaña no se iniciaría hasta el verano de 1096. Más importante aún, esta cruzada estaba compuesta por soldados profesionales

Repasemos brevemente lo que condujo a la primera cruzada. En noviembre de 1095, en Clermont, Francia, el papa Urbano II pronunció un apasionado discurso ante una reunión de la nobleza francesa y el clero eclesiástico, en el que destacó las amenazas percibidas del islam y la necesidad de defender el Imperio cristiano bizantino y rescatar Tierra Santa. Rompiendo con la costumbre, el papa pronunció su discurso en francés y no en latín. Fue una decisión inteligente: al hablar en francés, Urbano se aseguró de que todos los presentes lo entendieran y comprendieran la gravedad de la situación.

Oír al papa hablar en la lengua vernácula francesa habría ayudado mucho a que el público comprendiera sus argumentos. Enumeró toda una letanía de agravios que los «enemigos de la cristiandad» habían cometido. El papa Urbano II era conocido por ser un elocuente orador público, y supo exponer a la perfección al supuesto enemigo mientras convocaba la llamada «Tregua de Dios» para unir a los correligionarios.

Antes de que Urbano convocara la primera cruzada, no cesaban las disputas y escaramuzas entre los principados cristianos. Además, en 1054, las Iglesias de Oriente y Occidente se separaron debido a diferencias doctrinales y otras cuestiones. Por ejemplo, hubo desacuerdos sobre la infalibilidad del papa o sobre el uso de pan con levadura o sin levadura en las ceremonias. Estos eran solo dos de los puntos de la larga lista de agravios entre las iglesias. El Gran Cisma sacudió el mundo cristiano, y la división entre las Iglesias de Oriente y Occidente sigue existiendo hoy en día. Es posible que Urbano tuviera la esperanza de ayudar a sanar la división y acercar a las dos iglesias.

El papa Urbano II suplicó a los nobles que lo precedían que dejaran a un lado sus diferencias y se unieran por una causa común y para hacer frente a las fuerzas del islam. Como dijo el papa Urbano II: «Que aquellos que han estado acostumbrados a hacer la guerra privada contra los fieles lleven a buen término la guerra contra los infieles, que debería haber comenzado ya. Que los que antes luchaban contra hermanos y parientes ahora luchen contra los bárbaros como es debido».

Resulta que los cruzados tuvieron bastante suerte. Mientras dejaban de lado sus diferencias al promulgar la «Tregua de Dios», las fuerzas dominantes del islam estaban, en su mayor parte, desorganizadas. Los turcos, en particular, se enfrentaban a una crisis de sucesión desde que el caudillo turco sultán Malik Shah falleció en 1092. Durante los años siguientes, Oriente Próximo sería testigo de luchas casi constantes entre las facciones de sucesores que pugnaban por el dominio.

En realidad, esto no era desconocido en Occidente. El papa Urbano II había sido informado de ello por el emperador bizantino Alejo Comnenos en el Concilio de Piacenza en marzo de 1095. El emperador bizantino había suplicado apoyo militar contra los turcos, considerando la repentina disensión en sus filas como una excelente oportunidad para recuperar el terreno perdido en Asia Menor. Poco sabía el emperador Alejo que el papa lanzaría una apasionada petición no solo para ayudar a los bizantinos contra los turcos, sino también para apoderarse de Tierra Santa.

Y la llamada a las armas del papa tuvo el efecto deseado. Pronto, toda la multitud gritaba al unísono, «¡Deus lo vult!» (¡Dios lo quiere!). Los que escucharon las palabras de Urbano se sintieron tan inspirados que empezaron a rasgar telas en cruces improvisadas para colocárselas a la espalda y simbolizar que «tomaban la cruz» para luchar por Tierra Santa.

El papa incluso endulzó el trato ofreciendo exenciones del tiempo en el purgatorio. Según la creencia católica, existe un reino intermedio llamado Purgatorio. Se cree que muchos pasarán allí su tiempo antes de poder ir al cielo.

Pero, ¿cómo puede el papa prometer algo así? Bueno, en la Biblia, Cristo proclama a Pedro (a quien los católicos citan como el primer papa) que «todo lo que atéis en la Tierra quedará atado también en el Cielo, y todo lo que desatéis en la Tierra quedará desatado en el Cielo». Los católicos creen que al papa se le dieron las «llaves» de la Tierra y del Cielo. Los católicos no tenían ningún problema con que los papas excomulgaran a los creyentes; reducir el tiempo en el purgatorio también sería de su competencia.

No era poca cosa que el papa ofreciera usar su poder para reducir la estancia en el Purgatorio. Aunque hoy en día podríamos sentirnos tentados a burlarnos de algo así, un gesto así habría sido muy significativo para los creyentes cristianos de esa época. ¿Por qué no iban a aprovechar la oportunidad de estar antes con Dios y con sus seres queridos?

En total, se calcula que se reunieron unos sesenta mil soldados. Estaban dirigidas por nobles europeos, entre los que se encontraban

Enrique, hermano del rey Guillermo II de Inglaterra, y Hugo de Vermandois, hermano del rey Felipe I de Francia. Las cruzadas establecerían una larga tradición de que el hermano de un rey fuera a la guerra. Era demasiado arriesgado para un monarca en ejercicio ir a la guerra en Oriente Próximo, aunque no era algo inaudito, como veremos más adelante.

Este grupo de cruzados se dirigió a la capital bizantina de Constantinopla (la actual Estambul) en el verano de 1096, llegando a su destino en los primeros meses de 1097 (algunos empezaron a llegar en noviembre de 1096).

Permanecerían en Constantinopla algún tiempo antes de partir de nuevo en otoño. Había que realizar maniobras logísticas y obtener suministros adecuados. El emperador bizantino estaba realmente agradecido de tener —si acaso— una gran distracción que desatar sobre sus enemigos. Proporcionó a los cruzados todo lo que necesitaban.

Curiosamente, los cruzados prometieron solemnemente a Alejo Comnenos que devolverían todo el territorio que hubiera pertenecido al Imperio bizantino. Se trataba de una promesa bastante curiosa, ya que muchos de los antiguos territorios bizantinos, incluida la propia Tierra Santa, se habían perdido hacía mucho tiempo. Además, mantener esta promesa resultaría mucho más difícil que darla.

En cualquier caso, los cruzados partieron para su primer compromiso real: recuperar la ciudad de Nicea, que había sido arrebatada a los bizantinos unos veinte años antes. Era la misma Nicea donde la cruzada popular (dirigida por Pedro el Ermitaño, que aún vivía) encontró su terrible final a manos del caudillo turco Kilij Arslan.

Afortunadamente para los cruzados, Kilij Arslan estaba de viaje por otros asuntos, lo que dio a los europeos una ventaja sobre sus desprevenidos adversarios. Incluso sin esta ventaja, esta fuerza cruzada era totalmente diferente de la de Pedro el Ermitaño. Los cruzados estaban adecuadamente entrenados y armados; eran una eficiente máquina de combate. Si alguno de los defensores turcos que mataron a los seguidores de Pedro el Ermitaño pensó que estos forasteros serían más de lo mismo, estaba muy equivocado.

Los cruzados también tuvieron la ventaja de coordinarse activamente con las tropas bizantinas. En el transcurso de la batalla, el emperador Alejo tomó la sabia decisión de poner sus naves al alcance del lago Ascania, cerca de Nicea, bloqueando así cualquier posible refuerzo.

Pronto, los cruzados atacaron a sus oponentes por todos lados.

Totalmente derrotadas, las fuerzas de los turcos selyúcidas que sobrevivieron al combate se vieron obligadas a rendirse. El emperador Alejo, mucho más versado en la política de la región, se hizo cargo de las negociaciones. Supervisó la repatriación de Nicea al Imperio bizantino. Aunque Alejo consiguió que se devolviera Nicea, los cruzados no tardaron en desistir de su promesa de devolver las tierras bizantinas perdidas.

En muchos sentidos, estas cosas son comprensibles, al menos considerándolas desde el punto de vista de los cruzados. En aquella época, la tierra lo era todo. Ser un noble terrateniente significaba estar seguro. Estos hombres habían viajado lejos y habían luchado duro — salvo los más religiosos— y muchos, sin duda, empezaron a quejarse de que estaban recibiendo la peor parte del trato. Probablemente empezaron a cuestionar los méritos de luchar y morir para devolver la tierra a un emperador extranjero al que no tenían ninguna lealtad real.

Por lo tanto, es fácil entender por qué algunos de ellos podrían haber comenzado a presionar por algún tipo de recompensa propia. Sin embargo, permitieron que los bizantinos siguieran guiándolos. Finalmente se dirigieron a las montañas de Capadocia, donde pudieron unirse a la resistencia armenia. Desde allí, planearon su siguiente gran objetivo: tomar la legendaria ciudad de Antioquía, en el noroeste de Levante.

Los cruzados llegaron a las puertas de Antioquía en octubre de 1097. Se encontraron en una posición ventajosa, ya que tenían una línea de suministro constante de sus aliados armenios. Aún mejor, una flota dirigida por ingleses había conseguido asegurar el puerto de Antioquía de San Simeón y pudo abrir una línea directa con la isla de Chipre, controlada por los bizantinos.

Estas rutas de acceso abiertas permitieron obtener valiosos suministros importantes para la guerra de asedio, como la madera. Los suministros eran canalizados por marineros genoveses, que navegaban a través del Mediterráneo. Pero incluso con todo este apoyo y buena fortuna, la conquista de la bien fortificada Antioquía sería una tarea difícil. En diciembre, los cruzados estaban escasos de comida y moral.

Un místico llamado Pedro Bartolomé entró en escena a lo grande. Pedro estaba entre la principal fuerza cruzada en Antioquía. Se ganó la atención general en el campamento después de que afirmara haber tenido una visión que lo llevó a descubrir la lanza sagrada. Este artefacto tiene una larga y controvertida historia. Se dice que la reliquia fue la lanza que atravesó a Cristo mientras estaba clavado en la cruz. Más tarde se la conoció como la lanza del destino. Hay toda una historia mítica detrás de la lanza que sugiere que quien posee esta reliquia está destinado a la conquista.

Cuando se descubrió la lanza (o se creyó que se había descubierto, ya que no se sabe con certeza si fue la lanza que atravesó a Cristo), los cruzados se sintieron muy inspirados. Unos diez días más tarde, finalmente tomaron la ciudad en junio de 1098.

Mientras tanto, los cruzados se enfadaron con los bizantinos. Estos últimos se enteraron de que la cruzada era una causa perdida y que los cruzados estaban al borde de la derrota gracias a un desertor de las filas cruzadas, Esteban de Blois. No era cierto, pero los bizantinos aceptaron este pronóstico pesimista y funesto y dejaron de prestar ayuda a los cruzados.

Los cruzados nombraron a su propio líder supremo, Bohemundo, príncipe de Tarento (un principado normando que formaba parte del reino de Sicilia). Dado que los bizantinos se mostraron tan volubles y habían dado la espalda a los cruzados, Bohemundo se negó a repatriar Antioquía al Imperio bizantino. En su lugar, pasó a formar parte de lo que más tarde se conocería como los Estados Cruzados.

Los cruzados se refugiaron en Antioquía para recuperarse antes de marchar a las puertas de Jerusalén, hazaña que alcanzaron el 7 de junio de 1099.

Los cruzados sabían que luchaban por una causa santa, pero ver Jerusalén debió de inspirarles cierto temor. Es fácil imaginar a los cristianos respirando y dándose cuenta de lo que estaban haciendo. Se dice que, al día siguiente, los sacerdotes encabezaron una procesión descalzos alrededor de las murallas de la ciudad mientras sostenían en alto reliquias religiosas. Probablemente se imitaba la historia bíblica de las murallas de Jericó. En ese relato, el sumo sacerdote guiaba a los israelitas alrededor de las murallas de Jericó justo antes de sitiar la ciudad. Según las Escrituras, los muros se derrumbaron milagrosamente. En el Antiguo Testamento, Jericó fue uno de los primeros grandes enfrentamientos a los que se enfrentaron los hijos de Israel al establecerse en la «Tierra Prometida».

Los cruzados leyeron los relatos bíblicos y esperaban el mismo resultado. Pero a diferencia de la descripción bíblica de lo que ocurrió en Jericó, una vez que los cruzados terminaron de rodear las murallas de Jerusalén, estas seguían tan fuertes como siempre. La toma de esta ciudad fortificada no sería tarea fácil.

Debido a las muertes y deserciones, la fuerza cruzada se había reducido a una fracción de lo que había sido al principio. Sin embargo, un núcleo de guerreros acérrimos cumpliría la llamada del papa para tomar la ciudad de Jerusalén para la cristiandad. Curiosamente, cuando los cruzados cristianos se encontraban a las puertas de Jerusalén, el gobernador musulmán de la ciudad, Iftikhar ad-Dawla, ordenó expulsar de la ciudad a todos los residentes cristianos.

Teniendo en cuenta la violencia de la época, es encomiable que el gobernador no mandara matar a los cristianos. Pero su intento de expulsarlos tenía, sin duda, motivos ocultos. El gobernador probablemente temía que los cristianos locales pudieran ayudar a los cruzados desde dentro. Imagínese lo fácil que habría sido para un cristiano del interior abrir una puerta oculta e invitar a los guerreros cristianos a entrar en las murallas. Este temor podría haber motivado al gobernador a sacar a los cristianos antes del asedio.

También podría haber querido utilizar la expulsión de los cristianos locales como una distracción importante, ya que creaba un problema humanitario inmediato para los cruzados. Por muy contentos que estuvieran de ver a sus hermanos de fe de Oriente Próximo, ahora tenían que compartir sus ya limitados recursos para alimentar a la población exiliada. Los cruzados se las arreglaron como pudieron y se instalaron justo fuera de las murallas de aquella ciudad tan buscada.

La decisión del gobernador de expulsar a los ciudadanos cristianos acabaría volviéndose en contra de la defensa de la ciudad. Un cristiano de Jerusalén conocido como el beato Gerardo, que dirigía una especie de hospital para enfermos en Jerusalén, entró en contacto con los comandantes cruzados y les ofreció sus servicios. Gerardo conocía perfectamente las defensas de la ciudad y convenció a los cruzados de que podía ayudarlos en el asedio.

Con la ayuda de Gerardo, los cruzados pudieron localizar los puntos más vulnerables de las defensas de Jerusalén. Los cruzados construyeron tres torres de asedio y las utilizaron para explotar estos puntos vulnerables. Sin embargo, los defensores de la ciudad contraatacaron y consiguieron derribar dos de las torres de asedio. La tercera fue maniobrada con pericia hasta una de las puertas principales de la ciudad, dando acceso a los cruzados. El 15 de julio de 1099 lograron escalar las murallas. Después de una amarga y sangrienta lucha dentro de la ciudad, Jerusalén estaba bajo el control de los cruzados.

Según todos los relatos, lo que siguió fue una terrible y sangrienta masacre. Los cruzados recorrieron las calles, matando a todos los no cristianos que encontraban. Se dice que las calles literalmente corrían con sangre. Como dijo el cronista Guillermo de Tiro: «Era imposible contemplar la enorme cantidad de muertos sin horror; por todas partes yacían fragmentos de cuerpos humanos. Aún más espantoso era contemplar a los propios vencedores, chorreando sangre de pies a cabeza. Luego, vestidos de nuevo, con las manos limpias y los pies descalzos, comenzaron a recorrer humildemente los venerables lugares que el Salvador se había dignado santificar y hacer gloriosos con su presencia corporal».

Los únicos que se salvaron fueron los que se refugiaron en la ciudadela fortificada de la ciudad. Uno de los principales cruzados, Raimundo de San Gilles (también conocido como Raimundo IV, conde de Tolosa), entabló un diálogo con los que estaban dentro y les prometió un salvoconducto para salir de la ciudad si se rendían. A pesar de todo el derramamiento de sangre anterior, Raimundo mantuvo su palabra. Una vez que los defensores de la ciudadela depusieron las armas, a ellos y a los pocos supervivientes que defendían se les permitió abandonar Jerusalén en paz.

Por terrible que fuera todo, los cruzados cristianos creían de verdad que Dios había querido que tomaran Tierra Santa y se apoderaran de la ciudad para la cristiandad. Creían que eran los instrumentos de la ira de Dios. Inmediatamente después de matar a los infieles no creyentes, los cruzados se pusieron sus túnicas y emprendieron una pacífica peregrinación a los lugares santos, un viaje que habían anhelado durante mucho tiempo. Puede que hoy nos resulte difícil comprender estas cosas, pero este tipo de compartimentación de las acciones era bastante común en la época de las cruzadas.

Los cruzados podían matar por lo que creían que era una causa justa y luego vestirse con túnicas de penitencia mientras visitaban los lugares venerados. Aun así, es muy posible que algunos sufrieran lo que hoy se denominaría «trastorno de estrés postraumático». Por mucho que se repitieran a sí mismos que Dios lo había querido y que estaban excusados en sus acciones, muchos sin duda se despertaban en mitad de la noche con pesadillas sobre algunas de las cosas que habían hecho.

Los objetivos de la primera cruzada se habían logrado. Irónicamente, el hombre que instigó todo esto —el papa Urbano II— murió dos semanas antes de la toma de Jerusalén. El papa Urbano II no tuvo la oportunidad (al menos en este lado de la eternidad) de ver cumplida su visión. Sin embargo, las ruedas se habían puesto en movimiento, y el curso posterior de la historia había sido determinado.

Capítulo 3: El Reino de Jerusalén

«En las cruzadas, recuperar Tierra Santa era el objetivo, y se podía utilizar cualquier medio para lograrlo. La Segunda Guerra Mundial fue una cruzada. El ataque aéreo sobre Tokio por Doolittle y el bombardeo en alfombra en Alemania, especialmente por los británicos, lo demostraron».

—*Stanley Hauerwas*

Los cruzados que conquistaron Jerusalén pronto descubrirían que, en muchos sentidos, conquistar era la parte fácil. Lo más difícil era reconstruir la ciudad y retenerla. Desde el principio, hubo problemas que resolver. Las murallas de la ciudad habían sido pulverizadas durante el asalto de los cruzados, lo que dejaba a los nuevos residentes vulnerables a los ataques. La población de la ciudad también era bastante reducida y disminuía rápidamente.

Debido a la masacre, la población local había disminuido considerablemente y no se podía confiar en que los cruzados se quedaran. Muchos tenían familia en casa y deseaban abandonar Tierra Santa lo antes posible. Poco después de la conquista de Jerusalén, que había sido tomada a costa de mucha sangre y tesoros, la ciudad empezaba a parecerse más a un pueblo fantasma que al centro de la fe cristiana.

Apenas había gente suficiente para vigilar las torres y puertas estratégicas, necesarias para la seguridad general de Jerusalén. A los ladrones no les costaba mucho atravesar una grieta de la muralla en plena noche. Por ello, los robos eran frecuentes.

Como explicó el cronista Guillermo de Tiro: «Incluso dentro de las murallas de la ciudad, en las mismas casas, apenas había un lugar donde se pudiera descansar con seguridad. Los habitantes eran pocos y estaban dispersos, además el estado ruinoso de las murallas dejaba todos los lugares expuestos al enemigo. Los ladrones hacían furtivas incursiones nocturnas. Irrumpían en las ciudades desiertas, cuyos pocos habitantes se hallaban dispersos, y dominaban a muchos en sus propias casas. El resultado fue que algunos, sigilosamente, y muchos abiertamente, abandonaron las posesiones que habían ganado y comenzaron a regresar a su propia tierra».

La ciudad de Jerusalén, ocupada por los cruzados, necesitaba desesperadamente una inyección de sangre nueva para compensar toda la que se había perdido. Así que se incentivó a los peregrinos europeos para que acudieran a Tierra Santa no solo de visita, sino también para que se convirtieran en residentes permanentes. Las tierras ricas y fértiles se pusieron a un precio atractivo y eran fáciles de obtener. Sin embargo, este tipo de esfuerzos han llevado a menudo a comparar las cruzadas con un primer intento de colonización. Es comprensible este paralelismo, pero las condiciones eran muy diferentes.

La mayoría de los que llegaron a Tierra Santa estaban de paso y no tenían intención de establecerse allí a largo plazo. No se trataba de colonos decididos a clavar una estaca en el suelo, cultivar la tierra y asentar la comunidad, sino de peregrinos religiosos cuyo principal objetivo era visitar los lugares de culto, rezar y regresar a casa. Algunos acabarían quedándose, pero muchos no.

Además de atraer a algunos cristianos nuevos a la ciudad, las autoridades municipales intentaron evitar que los cristianos viejos —como los seguidores de la ortodoxia oriental y armenia— se marcharan. Las autoridades establecieron la ley del propietario ausente. Esta ley supuso un interesante avance legal, ya que dictaba que quien poseyera tierras no podía alquilarlas y luego marcharse. La legislación estipulaba que cualquier propietario debía residir en la ciudad al menos una vez al año, o su propiedad se consideraría en venta.

Estas medidas eran útiles, pero el mayor problema al que se enfrentaban los habitantes de Jerusalén siempre iba a ser las amenazas que se cernían sobre ellos fuera de las murallas de la ciudad. Viajar de Jerusalén a otros lugares del Levante era siempre una empresa llena de riesgos considerables, ya que había bandidos y ejércitos hostiles a los que enfrentarse. Nunca se sabía lo que podía ocurrirles si salían de las murallas de Jerusalén.

Este hecho quedó claramente demostrado por un incidente que ocurrió poco después de que se completara la conquista de la ciudad. El Domingo de Pascua, un grupo de unos setecientos peregrinos cristianos, que pretendían visitar el río Jordán para observar el famoso lugar donde Jesús fue bautizado, fueron asaltados despiadadamente. Unos trescientos peregrinos fueron asesinados, y unos sesenta de ellos fueron hechos prisioneros. Probablemente sufrieron un destino horrible, ya que se cree que fueron vendidos como esclavos. Aproximadamente la mitad sobrevivió y huyó aterrorizada hacia la seguridad de Jerusalén.

Los peligros de viajar de un punto a otro de Tierra Santa llevaron a la creación de órdenes monásticas especiales de caballeros, que servirían de escolta oficial y protegerían a los peregrinos cristianos. Los templarios se convirtieron en una de las principales guardias de honor, ya que eran utilizados para escoltar a los civiles de un lugar a otro. Los templarios no eran muy numerosos, pero eran tan feroces y eficientes que un pequeño grupo era capaz de enfrentarse a cientos de adversarios a la vez.

Se cree que los caballeros templarios se fundaron oficialmente en 1119, en los primeros años del Reino de Jerusalén (fundado en 1099). La orden fue establecida por un noble francés llamado Hugues de Payen. El nombre oficial del grupo era La Orden de los Pobres Compañeros de Cristo del Templo de Salomón. (El nombre procede del monte del Templo de Jerusalén, donde los templarios tenían su cuartel general. La mención de ser pobres hace referencia al voto de pobreza de esta orden monástica.

Y en sus inicios, los templarios cumplían a rajatabla este juramento. Los caballeros llevaban un estilo de vida comunitario y vestían modestamente, como los monjes (al menos cuando no iban ataviados con armaduras de combate). Una vez que los templarios se convirtieron en los banqueros de la Edad Media, su estatus cambió, aunque sus votos siguieron siendo los mismos.

Aunque los templarios se convertirían en la más famosa de las órdenes monásticas, fueron precedidos por otras. La más notable fue la de los caballeros hospitalarios, una orden que se fundó oficialmente en 1099, antes que los templarios. Sin embargo, ya operaban antes de la fundación del Reino de Jerusalén. Antes de la toma de Jerusalén, los caballeros hospitalarios creaban hospitales y llevaban a los peregrinos a los lugares religiosos. No fue hasta los albores del siglo XII cuando la orden adquirió un carácter más militarista.

Otra orden anterior a los templarios es una orden monástica poco conocida, la Orden de San Lázaro. Esta orden, que más tarde se conocería como los caballeros leprosos, comenzó su existencia como un hospital para leprosos. Algunos creen que este centro de tratamiento es anterior a la conquista islámica de Jerusalén y que se remonta a la época romana. Se cree que el hospital fue fundado por el icono católico romano san Basilio. Sin embargo, no se fundó hasta más tarde, ya que inicialmente fue una orden de caballeros hospitalarios.

Dada la constante necesidad de guerreros, a los caballeros enfermos de lepra no se les ordenó retirarse, sino que se unieron a la Orden de San Lázaro. Continuaron prestando sus servicios a pesar de que estaban efectivamente aislados del resto de la comunidad, relegados a vivir a las afueras de las puertas de Jerusalén en el hospital de leprosos.

En cualquier caso, los caballeros leprosos eran un espectáculo temible. Imagínese a un grupo de caballeros a caballo, envueltos en vendas que apenas ocultaban sus terribles llagas abiertas, que de repente se abalanzan sobre uno. Estos hombres eran prácticamente inmunes al dolor debido a sus nervios atrofiados. Por ello, apenas sentían los frenéticos golpes del enemigo. Conocidos como los «muertos vivientes», estos feroces guerreros levantaban sus espadas en alto por encima de sus cabezas y despedazaban a sus oponentes sin temer en absoluto por su propia seguridad.

Este grupo de caballeros tenían la valentía de los que ya sabían que les quedaba poco tiempo y pensaban que podían salir a luchar por lo que sinceramente consideraban una buena causa (estemos o no de acuerdo con tales nociones hoy en día). Todo esto los convertía en luchadores formidables. Los caballeros leprosos eran temidos por todos, no solo por su feroz capacidad de lucha, sino también por el miedo a contraer la lepra al estar en estrecho contacto con ellos.

Había muchas otras órdenes monásticas encargadas de proporcionar seguridad adicional a quienes viajaban de un lado a otro del Reino de Jerusalén. También se encargaban de la seguridad de los peregrinos que llegaban de Europa. Pero, aunque la seguridad es importante para un reino, un reino también necesita un rey. Sorprendentemente, los primeros cruzados dudaban en asumir tal título. Su veneración por Jerusalén era tan grande que parecía arrogante llamarse «rey de

Jerusalén».

Esta actitud llevó a Godofredo de Bouillon, el primer hombre encargado de ser el administrador de Jerusalén, a rechazar rotundamente el título. Aunque técnicamente fue el primer rey (fue nombrado gobernante el 22 de julio de 1099), insistió en que se lo llamara simplemente «defensor del Santo Sepulcro». Este título hacía referencia a la iglesia del Santo Sepulcro, muy venerada por los cristianos. No sería hasta el 25 de diciembre de 1100 cuando el Reino de Jerusalén sería supervisado por un rey. En esa fecha, el hermano de Godofredo, Balduino, conde de Edesa (otro estado cruzado), fue coronado.

Godofredo de Bouillon había sufrido una larga enfermedad el verano anterior. Hubo que debatir quién sería el siguiente en reinar, pero el honor recayó finalmente en el hermano de Godofredo.

Inicialmente, el Reino de Jerusalén era un mosaico muy básico de ciudades que los cruzados habían tomado. Bajo el reinado de Balduino, este mosaico se convertiría en un verdadero reino, que abarcaría aproximadamente los límites del actual Estado de Israel, además de las regiones más meridionales del Líbano. Balduino se apoderó de Acre en 1104 y se dirigió hacia el norte hasta Beirut en 1110.

Bajo la administración del rey Balduino, la población de Jerusalén creció hasta alcanzar un número mucho más cómodo, al menos en comparación con la región escasamente poblada que existía antes. El Reino de Jerusalén se fortificó hasta convertirse en un estado cristiano debidamente defendido. El rey Balduino ya había contribuido a estrechar las relaciones con los cristianos locales de Oriente Próximo casándose con una mujer armenia llamada Arda. Esta medida lo ayudó especialmente a estrechar relaciones cuando supervisó el condado de Edesa, que contaba con una fuerte presencia armenia.

Sin embargo, Balduino no fue el marido más fiel. Una vez que Arda cumplió su propósito, se casó con una nueva esposa: Adelaida del Vasto. Adelaida era una rica descendiente de Sicilia, por lo que supuso una gran ayuda para los menguados recursos de Balduino. Sin embargo, Balduino seguía casado con Arda cuando se casó con Adelaida. En 1117, Balduino decidió despedir a Adelaida, lo que disgustó a su hijo Roger, conde de Sicilia. Roger se convertiría más tarde en rey de Sicilia, e incluso entonces se negó a apoyar el Reino de Jerusalén.

Balduino fallecería al año siguiente, 1118, sin proporcionar herederos para ocupar el trono. La corona se ofreció inicialmente al hermano de Balduino, Eustaquio III, pero este tenía otros planes. En su lugar, la corona fue entregada a Balduino de Bourg.

El nuevo rey prestó juramento el día de Pascua de 1118. Fue coronado por el patriarca de Jerusalén y se convirtió oficialmente en el rey Balduino II de Jerusalén. Balduino II demostró ser un formidable defensor del reino. Hizo frente a las incursiones tanto de los turcos selyúcidas como de los fatimíes de Egipto. Sin embargo, Balduino pagaría el precio de su audacia cuando fue hecho prisionero y capturado por sus adversarios en la infame batalla de Ager Sanguinis en 1119.

En esta batalla, toda una hueste de cruzados reunidos en Antioquía fue aniquilada casi en su totalidad. Tras este terrible intercambio, Balduino fue tomado como rehén. Por increíble que parezca, el rey Balduino no sería liberado hasta 1124. No está del todo claro lo que Balduino tuvo que soportar durante su cautiverio, pero demostraría que seguía siendo apto para ser rey después de ser liberado. Al año siguiente, condujo a sus fuerzas a la victoria en la batalla de Azaz en 1125.

Durante el reinado de Balduino II se estableció la formidable orden monástica de caballeros conocida como los templarios. Balduino II tuvo cuatro hijas, y a su muerte, su hija mayor, Melisenda, sería coronada como la siguiente soberana del Reino de Jerusalén. Se casaría con Fulco V, conde de Anjou. Fulco demostró ser un líder capaz, pero tras su abrupto fallecimiento en 1143, el Reino de Jerusalén se enfrentó a su primera pérdida real. El condado de Edesa cayó en manos de Zengi, un caudillo islámico de Mosul.

La pérdida de Edesa conduciría a la segunda cruzada. Profundizaremos más en la segunda cruzada en el siguiente capítulo, pero baste decir que no fue bien. En cualquier caso, Fulco y Melisenda tuvieron un hijo llamado Balduino (más tarde conocido como el rey Balduino III). Balduino III moriría sin heredero, y su hermano, Amalarico, acabaría ascendiendo al trono.

El hijo de Amalarico —otro Balduino— lo sucedió. Balduino IV, el rey leproso, como se lo conocería más tarde, tuvo que pasar por muchas dificultades. Como su nombre indica, tenía lepra. Pero a pesar de su terrible enfermedad, Balduino IV fue una mano estable al timón. Tras su muerte, el Reino de Jerusalén, asediado desde hacía tiempo por sus adversarios, caería una vez más.

Capítulo 4: La segunda cruzada

«Las dos primeras cruzadas llevaron a Constantinopla la flor de la caballería europea y restablecieron aquella unión espiritual entre la cristiandad oriental y occidental que había sido interrumpida por el gran cisma de las Iglesias griega y romana».

—Joseph Jacobs

La segunda cruzada fue una llamada directa a la acción tras la pérdida del principado cruzado de Edesa. Después de que Edesa cayera en manos de las fuerzas islámicas en 1144, los cristianos se sintieron obligados a recuperarla. Habían pasado unos cincuenta años desde que la primera cruzada arrancara con éxito gran parte de Tierra Santa del control islámico. La primera pérdida de tierras de los cruzados fue una gran conmoción. Tan pronto como la noticia llegó a Europa occidental, la situación se presentó como una calamidad de proporciones épicas a la que toda la cristiandad debía hacer frente.

El 1 de diciembre de 1145, el papa Eugenio III hizo el llamamiento oficial a una cruzada, animando a los cristianos a «tomar la cruz» y a «estar a la altura de las hazañas de sus antepasados», que se habían apoderado de Tierra Santa durante los días de la primera cruzada. Básicamente, el papa estaba reprendiendo a la nueva generación de guerreros potenciales para que no se convirtieran en administradores malintencionados y perdieran las preciosas tierras por las que sus antepasados habían luchado tan duramente.

Esta llamada papal a la cruzada quizá no fuera tan atractiva como la primera, ya que el diálogo en torno a la segunda cruzada estaba impregnado de una fuerte dosis de autoinculpación y ambición heroica. Pero tuvo el éxito suficiente como para que al menos se entendiera. La promesa papal de ensalzar a los que murieran como mártires, garantizándoles «un lugar en el cielo», ciertamente tampoco hizo daño. Para los profundamente religiosos de la Edad Media, tales sentimientos lo significaban todo.

Y en cuanto se comprende esa mentalidad, se entiende por qué la gente de Europa occidental viajaba miles de kilómetros para arriesgar la vida en Oriente Próximo. La noción de que se estaba «luchando por el bien» y del lado de Dios era una motivación increíblemente poderosa tanto para los ejércitos cristianos como para los musulmanes.

En Europa, el rey Luis VII de Francia había estado reclutando tropas por su cuenta. Luis hizo su propio llamamiento a la acción en Navidad, poco después del discurso del papa. Un popular teólogo francés, Bernardo de Claraval, ayudó al rey francés. Luis fue fundamental para reunir soldados profesionales, hasta el punto de que el papa se sintió inspirado para hacer un nuevo llamamiento a la cruzada el 1 de marzo de 1146, en el que designaba específicamente a Bernardo de Claraval como portavoz de la causa.

El 31 de marzo (Domingo de Pascua), Bernard pronunció un poderoso sermón sobre el tema ante un grupo de fieles reunidos en Vézelay (Francia). El sermón de Bernardo, más que el llamamiento personal del papa a una cruzada, impulsó realmente a las masas. El papa acusó a su auditorio de haber dejado escapar las conquistas del pasado. Bernardo habló en términos elogiosos de bendición y esperanza, predicando lo afortunada que era esta nueva generación de cristianos por tener la oportunidad de buscar «tan espléndidas riquezas espirituales» en su misión de rescatar Tierra Santa. Su sermón fue una variante mucho más positiva y atractiva de la llamada a las armas del papa y pareció conmover los corazones de quienes lo escuchaban.

Tras la poderosa oratoria de Bernardo, el rey de Francia y su reina, Leonor de Aquitania, hicieron una señalada muestra de humildad, inclinándose ante Bernardo mientras simbólicamente «tomaban la cruz». Poco después, el rey Luis VII condujo a los cruzados de Francia a Alemania. Una vez en tierras germanas, Bernardo dio su bendición al rey alemán, Conrado III, así como a su sobrino (y futuro emperador del Sacro Imperio Romano Germánico), Federico Barbarroja. Se dice que, en un principio, Conrado se mostró reticente a participar en la segunda cruzada, pero las palabras de Bernardo de Claraval lo convencieron para participar en la misión.

Una vez iniciada la cruzada, Bernardo tuvo mucho trabajo, ya que empezaron a estallar disturbios internos. Por aquel entonces, un monje francés, cuyo nombre nos ha llegado como Rodolfo, empezó a causar problemas incitando a las turbas a perseguir a los judíos residentes en Renania. Como ocurría tristemente con demasiada frecuencia, Rodolfo utilizó el argumento de que los cristianos debían deshacerse de los no creyentes en casa antes de emprender la guerra contra los no creyentes en el extranjero. Pero, aunque algunos monjes diabólicos y algunas turbas de supuestos cristianos se dedicaron a estos actos nefandos, tales cosas nunca formaron parte de la política oficial de la Iglesia (como la Iglesia católica).

En cuanto se enteró de los disturbios, Bernardo actuó de inmediato e intervino personalmente para poner fin a la violencia. Se encontró cara a cara con el monje alborotador, le ordenó que se retirara y lo envió a vivir en un tranquilo exilio en un monasterio.

Mientras tanto, la segunda cruzada comenzó a adquirir múltiples dimensiones. Aunque el impulso para la segunda cruzada fue la pérdida de Edesa en Tierra Santa, varias misiones secundarias empezaron a tomar forma. Poco después de que se hiciera el llamamiento a otra cruzada, la atención se centró en la larga lucha que se había librado para recuperar la península ibérica. La península ibérica, formada por las actuales España y Portugal, había estado a punto de ser invadida por las fuerzas musulmanas.

Antes de la conquista islámica, gran parte de Iberia estaba bajo el dominio de una tribu europea conocida como los visigodos. En 711, un grupo de musulmanes conocidos como bereberes cruzó el estrecho de Gibraltar desde el norte de África e irrumpió en la península. En una impresionante derrota, los visigodos fueron aplastados y casi toda la península ibérica pasó a formar parte de *Dar al-Islam* (La casa del islam).

Sin embargo, hubo focos de resistencia, pequeños enclaves donde los reinos cristianos sobrevivieron y seguirían haciéndolo durante siglos. En la época de la segunda cruzada, el líder de uno de estos enclaves ibéricos, Afonso I Henriques de Portugal, buscaba ayuda para recuperar la ciudad portuaria de Lisboa. Cuando se hablaba de una cruzada contra las fuerzas del islam, Alfonso pensó que era un buen momento para pedir ayuda.

Y la recibió. Los cruzados procedentes de regiones más lejanas, como los flamencos de Flandes (Bélgica), que habían planeado navegar alrededor de la península ibérica, fueron redirigidos. Bernardo de Claraval hizo que desembarcaran en la península, en lugar de rodearla, para que pudieran unirse a las tropas portuguesas empeñadas en recuperar Lisboa. Aunque este acontecimiento se consideró un desvío de la misión principal, a la larga resultaría fundamental.

Los ejércitos islámicos habían estado arrasando Oriente Próximo, Oriente Medio y el norte de África. Habían estado rodeando lentamente a la Europa cristiana en lo que era esencialmente una maniobra de pinza. Por mucho que los cruzados hayan sido condenados a lo largo de los años como fanáticos religiosos sedientos de sangre (algunos incluso dirían idiotas), si no hubieran resistido este avance, uno podría imaginar fácilmente cuál habría sido el resultado. Es probable que todo Bizancio, Grecia y los Balcanes hubieran sido invadidos por el este, mientras que España y Francia habrían sido completamente superadas por el oeste. Ambos lados de la pinza habrían avanzado hasta que las fuerzas del islam en Oriente se hubieran unido a las fuerzas del islam en Occidente, convergiendo juntas justo en el centro de Europa.

La decisión de Bernardo durante la segunda cruzada de coordinar las fuerzas de socorro para desembarcar en Iberia fue fundamental para invertir esta tendencia, continuando la larga lucha conocida como la Reconquista.

Cubriremos la Reconquista en más profundidad un poco más adelante en este libro, pero por ahora, solo es necesario saber que la segunda cruzada, en última instancia, se unió a esta lucha titánica. Y la reorientación de las tropas del norte de Europa hacia el frente de Iberia sería fundamental no solo para recuperar Lisboa para Portugal (Lisboa fue tomada exitosamente el 24 de octubre de 1147), sino también para ayudar a cambiar el rumbo contra las fuerzas islámicas en Iberia.

Otra misión secundaria que adquirió gran importancia durante la segunda cruzada fue la conversión/conquista por la fuerza de los eslavos paganos en Europa oriental. Este incidente sentaría un precedente para otras cruzadas contra los reductos paganos del este y el norte de Europa.

La principal fuerza cruzada que había sido enviada para la misión principal en Oriente Medio fracasaría en gran medida. Los cruzados fueron acosados durante todo el camino por los turcos, que parecían haber previsto su llegada con antelación. Aunque no hay pruebas de ello, se ha sugerido durante mucho tiempo que los bizantinos avisaron a los turcos. La política bizantina en la región, con sus alianzas en constante cambio, era ciertamente complicada, pero no hay pruebas fehacientes de que se avisara con tanta antelación a los turcos estacionados en Anatolia.

Hay que reconocer que los bizantinos se mostraban a menudo dúplices y resentidos con los occidentales, incluso cuando se veían obligados a solicitar su ayuda. Gran parte de este rencor se remonta directamente al Gran Cisma de 1054, cuando la Iglesia católica y la Iglesia ortodoxa oriental se excomulgaron mutuamente. La política también estaba en juego en el propio Imperio bizantino, ya que los que tenían el poder querían asegurarse de conservarlo.

En cualquier caso, la principal fuerza cruzada rechazó varias emboscadas sorpresa antes de llegar finalmente a Antioquía. Todas estas emboscadas pasaron factura a los cruzados. Al llegar a Antioquía el 19 de marzo de 1148, el rey Luis VII condujo a lo que quedaba de sus cruzados a la ciudad y celebró una audiencia con Raimundo, el gobernante local de Antioquía. Casi de inmediato se produjo un desacuerdo sobre cómo proceder.

Raimundo quería que los cruzados lo ayudaran en su lucha contra Alepo, que consideraba la «puerta» para recuperar Edesa. Sin embargo, el rey Luis VII deseaba dirigirse a Jerusalén lo antes posible. Al parecer, el rey consideraba que su peregrinación personal debía tener prioridad sobre cualquier otra maniobra militar. Hubo aún más drama por medio de la esposa del rey, Eleanor. Ella se había unido a su marido, y se notó que le había tomado cariño a Raimundo. Pronto corrió por la corte el rumor de que se estaba preparando algo impropio. Al parecer, Luis creyó los rumores e hizo «arrestar» a su esposa.

Luis se llevó a su esposa con él, y marchó a Jerusalén en abril. Conrado y sus compañeros cruzados llegaron poco después. En Jerusalén, los cruzados recibieron un cambio de planes, ya que ahora el plan era atacar Damasco en lugar de Alepo. La ciudad-estado de Damasco había estado gobernada por varios potentados musulmanes y había sido aliada del Reino de Jerusalén.

Sin embargo, Damasco había cambiado recientemente de bando, haciéndose amigo de Nur al-Din de Alepo, y como tal, era ahora claramente un objetivo legítimo de la agresión cruzada. La decisión de atacar Damasco resultaría ser un gran error, ya que llegaría a desbaratar toda la cruzada.

Los cruzados llegaron a Damasco el 4 de julio de 1148. Al principio, los cruzados tenían ventaja y atravesaron las defensas exteriores de la ciudad. Pero una vez que atravesaron lo que se ha descrito como «densos huertos» en las afueras del sur de la ciudad, se encontraron en un buen aprieto. Se habían quedado sin agua, y Nur al-Din y algunos refuerzos bastante pesados estaban de camino para interceptarlos.

Los cruzados estaban atrapados entre las murallas de Damasco y un enorme ejército, además, sin agua. Su posición no era ideal. Los cruzados decidieron retirarse a toda prisa. Fueron prácticamente perseguidos hasta las puertas de Jerusalén. Este resultado tan poco glorioso marcó el final de la segunda cruzada.

Capítulo 5: La tercera cruzada

«Nosotros, sin embargo, ponemos el amor de Dios y su honor por encima del nuestro y de la adquisición de muchas regiones».

—*Ricardo I de Inglaterra*

A pesar de lo poco gloriosa que pudo haber sido la segunda cruzada, la tercera cruzada llegaría a ser conocida como una de las más heroicas. También fue una cruzada en la que había mucho más en juego, ya que la tercera cruzada se inició tras la caída de Jerusalén. Sí, Jerusalén había caído una vez más, esta vez después de la infame batalla de Hattin en 1187. La batalla de Hattin fue el resultado final de muchos años de intentos islámicos por recuperar Jerusalén.

Tras la segunda cruzada, la dinastía zanguí se hizo con el control de una Siria unida y se enfrentó a los fatimíes de Egipto. A los cruzados les gustaba enfrentar a la facción siria con la egipcia, y resultó que la verdadera clave para la dominación islámica de la región era unir Siria y Egipto. El hombre que logró esta hazaña fue un caudillo islámico e ingenioso estratega llamado Saladino.

Saladino dirigió esta fuerza musulmana unida para tomar el Reino de Jerusalén en el año 1187. La situación de los Estados Cruzados también ayudó a Saladino. El último gran rey de Jerusalén fue Balduino IV, el llamado «rey leproso». Aunque Balduino IV estaba enfermo de lepra, había demostrado ser un líder hábil y capaz. También era muy valiente y dirigía ejércitos a caballo sin miedo, aunque la mayoría en su estado probablemente habrían estado mejor en la cama.

Vendado y esencialmente inmune al dolor debido a su lepra, Balduino IV infundía un terror absoluto en los corazones de sus oponentes. Pero finalmente, el rey leproso cayó, y su sobrino, Balduino V, subió al poder. Balduino V era entonces un niño, por lo que el verdadero poder detrás del trono era su madre, Sibila, y su marido, Guy de Lusignan. Saladino reunió a sus poderosas fuerzas y atacó a la debilitada Jerusalén.

Saladino era un hábil estratega. Desarrolló un ingenioso plan que atrajo al grueso de las fuerzas cruzadas fuera de Jerusalén y hacia el combate abierto, que, por supuesto, era lo último que los cruzados deberían haber hecho. En los Cuernos de Hattin, los cruzados acabaron rodeados por fuerzas enemigas en medio del abrasador desierto.

El lugar era (y sigue siendo) conocido como los «Cuernos de Hattin» por sus escarpadas características geográficas. Un volcán apagado sobresale del paisaje desértico, como los cuernos de una antigua bestia apuñalando el aire. Los cruzados lucharon valientemente en la batalla, pero al final fueron totalmente aniquilados.

Saladino marchó entonces sobre Jerusalén. Aunque los defensores de la ciudad resistieron todo lo que pudieron, tuvieron que admitir su derrota. Jerusalén se perdió para la cristiandad una vez más. Junto con Jerusalén, Saladino se apoderó de gran parte de otros territorios cruzados, incluida la ciudad costera fortificada de Acre. Esto fue un golpe tremendo para los cruzados. Por lo tanto, se convocó la tercera cruzada para recuperar estas tierras perdidas.

La tercera cruzada es quizá más notable por los hombres que la dirigieron. Tres de las principales figuras de la Europa de la época participaron y dirigieron esta cruzada: El rey Felipe II de Francia, el rey Ricardo (también conocido como Ricardo Corazón de León) de Inglaterra y el emperador del Sacro Imperio Romano Germánico Federico Barbarroja. Todos, menos uno, llegarían a Tierra Santa.

Federico Barbarroja, que era emperador del Sacro Imperio Romano Germánico además de otros muchos títulos, como rey de Italia, Alemania y Borgoña, pereció de camino a Tierra Santa en lo que aparentemente fue un extraño accidente. Se cayó del caballo y se precipitó a un río. Gracias a la pesada armadura que llevaba, se ahogó en la corriente del río. La muerte prematura de Barbarroja podría haber sido decisiva en el resultado final de la tercera cruzada, ya que la mayoría de los hombres que Barbarroja dirigía decidieron regresar a casa cuando supieron que su comandante había muerto.

Solo una pequeña parte de las tropas dirigidas por Barbarroja estaban lo suficientemente decididas a seguir al rey Felipe o al rey Ricardo. Así, las fuerzas cruzadas quedaron muy reducidas una vez que llegaron a Tierra Santa. Si Barbarroja hubiera vivido y liderado su contingente completo, los cruzados habrían sido una fuerza mucho más formidable.

No ayudó el hecho de que Ricardo Corazón de León estuviera distraído con su propia aventura. Antes de llegar a Tierra Santa, hizo una parada en Chipre, donde condujo a sus fuerzas a la victoria y reclamó la isla.

A su llegada a Chipre, Ricardo encontró la isla bajo el control de un déspota griego llamado Isaac Comnenos, que había arrebatado el territorio al Imperio bizantino en 1184. Esto sirve como un gran testimonio de lo debilitados que estaban los bizantinos. Un granuja como Comnenos fue capaz de apoderarse de un territorio tan importante, ya que los bizantinos eran incapaces de reunir una fuerza suficiente para recuperarlo.

Después de que Isaac Comnenos se apoderara tanto de los pasajeros como de la carga de un contingente de cruzados náufragos, Ricardo Corazón de León decidió dar un rodeo y declararle la guerra. Al parecer, Isaac Comnenos había mordido más de lo que podía masticar. Cuando vio la enorme fuerza que Ricardo había reunido contra él, no tardó en ofrecer su rendición. También accedió a pagar dinero por todos los daños que había causado a los súbditos ingleses que habían naufragado en Chipre.

El rey Ricardo y los que decidieron seguirlo abandonaron Chipre y se dirigieron hacia la parte continental de Levante. Ricardo y sus hombres llegaron a las puertas de Acre en 1191, donde se reunieron con el rey Felipe II de Francia y sus tropas.

Aunque Saladino había salido victorioso en el pasado, al parecer había acaparado más de lo que podía controlar. Había tomado Acre, pero no tenía tropas suficientes para defenderla. Los cruzados encontraron la ciudad escasamente defendida y pudieron conquistarla fácilmente.

Una vez asegurada Acre, el rey Felipe perdió rápidamente el interés por la cruzada, y él y la mayoría de sus tropas decidieron embarcarse de vuelta a casa. Sin embargo, Ricardo no estaba dispuesto a dar marcha atrás mientras tuviera Jerusalén ante sí.

El rey Ricardo Corazón de León lideró a los cruzados que tuvieron el valor y la voluntad de quedarse. Antes de dirigirse a Jerusalén, Ricardo se apoderó de la estratégica ciudad de Jafa, situada en el camino hacia la ciudad santa. Sin embargo, Saladino no se quedó de brazos cruzados e interceptó al ejército de Ricardo a unas treinta millas al norte de la ciudad. Saladino hostigó a la retaguardia e intentó interrumpir el avance de Ricardo, pero este, que marchaba a la vista de la costa, pudo mantener una posición defensiva durante todo el hostigamiento. Sus formaciones de tropas no se rompieron.

El momento final de la verdad llegó cuando un contingente de caballeros hospitalarios desafió las órdenes de Ricardo de permanecer a la defensiva. De repente, los hospitalarios cargaron a toda velocidad contra el ejército de Saladino, golpeando con fuerza el flanco derecho de Saladino. Ricardo se dio cuenta de que tenía que actuar y se adelantó y ordenó a sus fuerzas un ataque total. Las dos fuerzas chocaron entre sí cerca de la ciudad de Arsuf.

Las fuerzas de Ricardo se impondrían en la batalla de Arsuf, provocando la retirada del ejército de Saladino. Fue una victoria decisiva y despejó el camino de los cruzados hacia Jerusalén. Ricardo estableció su cuartel general en Jafa y se preparó para sitiar Jerusalén. Condujo a sus tropas a las puertas de la ciudad en noviembre de 1191. Sin embargo, una vez allí, pronto se dio cuenta de que, aunque venciera a los defensores islámicos de Jerusalén, no tendría tropas suficientes para mantener la ciudad. Su éxito no serviría de nada, ya que la ciudad podría ser retomada muy fácilmente.

Ricardo se dio cuenta de lo inútil de su posición y decidió que sería mejor negociar un tratado de paz con Saladino. Ricardo y Saladino ya habían mantenido conversaciones a través de varios intermediarios. A pesar de sus diferencias ideológicas, ambos se respetaban mucho como líderes. Esto por sí solo hacía que la idea de la paz fuera mucho más realista. Pero antes de que llegara la paz, se producirían más enfrentamientos.

En julio de 1192, Saladino intentó retomar Jafa. Al principio, Saladino tuvo éxito, pero se enfrentó a una crisis cuando parte de su ejército se rebeló contra él. Ricardo envió refuerzos y pronto las tropas de Saladino (al menos las que aún estaban bajo su control) se vieron obligadas a retroceder. Tras esta desastrosa derrota, Saladino empezó a considerar seriamente la posibilidad de firmar un tratado de paz con Ricardo.

Los términos finales de la paz se concretaron cuando los dos hombres firmaron una tregua vinculante de tres años, que comenzó en septiembre de 1192. La tregua puso fin a los combates; Saladino incluso garantizó el libre paso de los cristianos que desearan visitar los lugares santos de Jerusalén.

Muchos cruzados se entristecieron por no haber podido alcanzar el objetivo final de tomar Jerusalén, pero al menos podían estar tranquilos porque su lucha no había sido en vano. Saladino murió en 1193, pero los términos de paz de la tregua seguirían en pie durante algún tiempo. Sería justo después del final de esta tregua de tres años cuando se convocaría la cuarta cruzada.

Capítulo 6: La cuarta cruzada

«Los mercaderes europeos suministran el mejor armamento, contribuyendo a su propia derrota».

—*Saladino*

Ricardo Corazón de León consiguió asegurar toda la costa de Levante para la cristiandad, aunque en realidad no recuperó Jerusalén. Aun así, se había asegurado una respetable tregua de tres años con Saladino. Pero después de esos cinco años, la cuarta cruzada fue convocada. Lanzada en 1202, la cuarta cruzada fue diseñada por el papa Inocencio III. Esta cruzada fue en gran parte solo una misión para recuperar la tierra que se había perdido y que la tercera cruzada no había logrado recuperar. Jerusalén fue quizás el punto más importante en la agenda de la cruzada.

La cuarta cruzada, por supuesto, buscaba hacer lo que la tercera cruzada no pudo: capturar Jerusalén. Pero esta cruzada tendría algunos problemas serios desde el principio. En primer lugar, los cruzados recibirían una distracción bastante significativa cuando se desviaron luchando en la ciudad cristiana de Zara, situada en la actual Croacia.

Los cruzados, escasos de fondos y de moral, se vieron envueltos en la política bizantina cuando un pretendiente al trono, Alejo Ángelo, les prometió que obtendrían riquezas incalculables si emprendían una campaña contra el Imperio bizantino. El padre de Alejo había sido emperador, pero el tío de Alejo lo depuso. Alejo trató de restaurar a su padre en el trono, a pesar de que había sido encarcelado y cegado.

Pero antes de que los cruzados se involucraran en Zara o en el Imperio bizantino, tuvieron que resolver un problema propio. Se habían quedado cortos a la hora de pagar a la República de Venecia por sus servicios de transporte de los cruzados a través del Mediterráneo.

Se suponía que los cruzados tenían más hombres, por lo que la cantidad que habían prometido pagar simplemente no era posible. Debido a su falta de fondos, el dux veneciano, Enrico Dandolo, sugirió a los cruzados que lo ayudaran en la toma de la ciudad de Zara como parte del cumplimiento de su deuda. El deseo del dux de tomar Zara era puramente político, ya que la ciudad estaba ocupada por creyentes cristianos. Esto significaba que los cruzados rompían con sus convicciones ideológicas y atacaban a los cristianos en lugar de defenderlos.

Era difícil para los cruzados racionalizar este ataque como algo distinto a un medio de ganar algo de dinero para pagar sus deudas. Este suceso corrompió enormemente la moral de los cruzados, que ahora no luchaban por una causa más grande que la vida, sino por meras ganancias materiales. Se habían convertido en poco más que mercenarios.

Los cruzados lograron apoderarse de Zara para el dux, pero en cuanto el papa se enteró, los excomulgó a todos. (Más tarde levantaría la excomunión, pero mantuvo intacta la de los venecianos porque creía que eran los culpables). En lugar de irrumpir audazmente en Tierra Santa por la causa de la cristiandad, los cruzados se habían convertido en un gran cuerpo de herejes excomulgados.

Sin embargo, es importante señalar que, aunque los líderes de la cuarta cruzada se dieron cuenta de que habían sido excomulgados, el soldado medio no. La excomunión se ocultó cuidadosamente a los soldados rasos de las fuerzas cruzadas, ya que los líderes sabían que los hombres se marcharían si se enteraban.

En enero de 1203, estos cruzados cabizbajos fueron contactados por un antiguo príncipe bizantino llamado Alejo Ángelo. Alejo trató de atraer a los cruzados a la política bizantina, rogándoles que restauraran a su depuesto padre, Isaac II Ángelo, como emperador. Fue entonces cuando los venecianos y los líderes de los cruzados urdieron un descabellado plan para restaurar la línea bizantina de Ángelo en el trono y utilizar el dinero del tesoro bizantino para financiar el viaje a Jerusalén.

Los planes de este complot se cocinaron a fuego lento durante varios meses antes de que los cruzados llegaran finalmente a las puertas de la gran capital bizantina, Constantinopla, aquel mes de junio. La batalla comenzó en las afueras de Constantinopla, en los suburbios de Crisópolis y Calcedonia. Durante este enfrentamiento, los cruzados estaban en gran inferioridad numérica, pero cargaron contra los bizantinos a caballo. Sorprendentemente, y contra todo pronóstico, los cruzados lograron derrotar a la mayor fuerza bizantina.

Sin duda, esta victoria les levantó el ánimo. Con la moral por las nubes, los cruzados utilizaron navíos para cruzar el Bósforo. Curiosamente, la flota cruzada pronto navegó a la vista de Constantinopla con el príncipe bizantino que había pedido ayuda de pie en la cubierta. Para desconcierto de los cruzados, los ciudadanos de Constantinopla no lanzaron un grito ensordecedor de apoyo. En lugar de ello, se reunieron en las murallas para abuchear al indeseado príncipe bizantino. Aunque el tío de Alejo era un usurpador, el pueblo lo apreciaba. Sin embargo, los cruzados estaban empeñados en instalar al heredero adecuado en el trono bizantino, les gustara o no a los bizantinos.

Los bizantinos pasaron a la ofensiva y desplegaron un ejército de unos 8.500 soldados. Alejo III, el usurpador, los condujo a través de la puerta de San Romano de Constantinopla. El ejército bizantino empequeñeció a la fuerza cruzada, que contaba con unos 3.500 guerreros. Sin embargo, los bizantinos tenían un problema. Por alguna razón, el emperador Alejo III no estaba hecho para la lucha. Se desanimó terriblemente y de repente ordenó a sus tropas que se retiraran. Debería haber sido capaz de utilizar su poderosa fuerza para hacer retroceder a los invasores, pero en lugar de ello acabó humillándose a sí mismo y a sus súbditos con una retirada innecesaria.

De hecho, Alejo III se sintió tan humillado que huyó de su reino esa misma noche. Demostrando la rapidez con la que las arenas del destino podían cambiar para un gobernante bizantino, Alejo III fue depuesto e Isaac II volvió al trono.

Sin embargo, había un problema. Isaac había sido cegado para asegurarse de que no pudiera gobernar. Los cruzados insistieron en que el príncipe Alejo gobernara junto a él. Además, ¿qué mejor manera de asegurar que Alejo cumpliera su promesa de pago que haciéndolo coemperador? El príncipe Alejo se convirtió en Alejo IV.

Y luego vino el otro problema. No había suficiente dinero en el tesoro para pagar lo que Alejo había prometido a los cruzados. No quería disgustar demasiado al pueblo que gobernaba vaciando el tesoro y subiendo los impuestos, pero tampoco quería disgustar a los cruzados, que podrían saquear la ciudad y sembrar el caos porque no se les pagaba.

Alejo pudo reunir la mitad del dinero tomando bienes de las iglesias y vendiendo tierras. Pero los cruzados no estaban satisfechos con la mitad. Y el pueblo no estaba satisfecho con el gobierno de Alejo. A su padre también le molestaba compartir el trono con él.

En 1203, estalló la violencia entre los cruzados y la gente de la ciudad. Alejo se negó a ceder a las exigencias de los cruzados, pero ni siquiera su franqueza contra ellos consiguió ganarse el favor del pueblo. En enero de 1204, un levantamiento popular destronó a Alejo. Él y su padre fueron encarcelados y asesinados (se cree que Isaac podría haber muerto de viejo).

La muerte de Alejo IV dio a los cruzados la justificación para pasar a la ofensiva. En abril de 1204, días después del asesinato de Alejo, los cruzados ocuparon la ciudad sin piedad y la despojaron de gran parte de su riqueza. Finalmente, los bizantinos se reagruparon en torno a su antigua capital, Nicea.

Los bizantinos establecieron una fuerte resistencia y en 1261, bajo el emperador bizantino Miguel VIII Paleólogo, los cruzados fueron finalmente expulsados. Aun así, el Imperio bizantino nunca se recuperaría del todo de la desolación causada por la cuarta cruzada. El papa condenó la acción, pero el daño ya estaba hecho. Los cristianos ortodoxos estaban conmocionados por lo que habían hecho los cruzados, y parecía que la brecha entre las dos iglesias nunca se cerraría (aunque es poco probable que se hubiera cerrado incluso si no hubiera ocurrido este incidente).

Resulta irónico que la cuarta cruzada, que comenzó con el mismo fervor religioso y la misma expectativa que la primera, la segunda y la tercera, terminara sin que ninguno de los cruzados pisara Tierra Santa.

Capítulo 7: La quinta y la sexta cruzadas

«Para evitar contiendas, nunca contradigas a nadie, excepto en caso de pecado o de algún peligro para el prójimo; y cuando sea necesario contradecir a otros, y oponer tu opinión a la suya, hazlo con tanta suavidad y tacto, que no parezca que violentas su mente, pues nunca se gana nada tomando las cosas con excesivo ardor y premura».

—*Rey Luis IX*

La quinta cruzada fue convocada inicialmente por el papa Inocencio III en el IV Concilio de Letrán en 1215. Es posible que reconozca el nombre; fue el mismo papa que convocó la cuarta cruzada, que había terminado con la desastrosa toma de Constantinopla y la excomunión de la fuerza cruzada (aunque en el momento del cuarto Concilio de Letrán, había revocado la excomunión). El papa Inocencio estaba horrorizado por lo que habían hecho estos cruzados y trató activamente de enmendarlo convocando otra cruzada.

Pero tras su abrupto fallecimiento en 1216, el inicio de esta cruzada fue heredado por el siguiente papa, Honorio III. La quinta cruzada, como era de esperar, tenía la misma intención que las dos anteriores: el recuperar Jerusalén. Pero a pesar de que Jerusalén era el objetivo, una vez más se planeó un pequeño desvío. Se había sugerido que tal vez sería más fácil atravesar las suaves entrañas de Egipto para llegar a Jerusalén. Curiosamente, no fue otro que Ricardo Corazón de León quien sugirió esto por primera vez en la tercera cruzada. Pocos estaban de acuerdo con su estrategia en ese entonces, pero las opiniones sobre esta idea habían cambiado en el momento de la quinta cruzada.

Por lo tanto, se lanzó un asalto total sobre el territorio egipcio de Damieta, controlado por los ayubíes. El 27 de mayo de 1218, los cruzados desembarcaron en Damieta, Egipto. Los cruzados sitiaron la ciudad el 23 de junio del mismo año. Utilizaron unos ochenta barcos y un impresionante equipo de asedio. Algunas de las máquinas de asedio tenían «escaleras giratorias» y estaban cubiertas de pieles ignífugas por si los defensores utilizaban fuego griego. Esta sustancia pegajosa e inflamable era básicamente una versión antigua del napalm.

El hecho de que los cruzados hubieran previsto tales contingencias demuestra que no se tomaban esta aventura a la ligera. Aun así, la ciudad estaba fuertemente fortificada y esta primera incursión fue rechazada con facilidad. Los cruzados fueron implacables y volvieron a atacar la ciudad. El 24 de agosto tomaron la torre principal de la ciudad y cortaron las cadenas que cruzaban el Nilo para bloquear a los intrusos.

Estos acontecimientos resultaron ser demasiado para el líder de la ciudad, el sultán al-Adil, que pereció nada más conocer la noticia de lo ocurrido (se desconoce cómo murió). Le sucedió inmediatamente su hijo y heredero, al-Kamil, que se aseguró de apuntalar lo que quedaba de las defensas. Estas medidas incluyeron el naufragio de barcos en el Nilo para crear una barrera defensiva.

La ingeniosa maniobra del sultán aplazó las ofensivas durante algún tiempo. Los cruzados se vieron obligados a esperar.

Mientras tanto, llegaron fuerzas de socorro, con el legado papal, Pelagio Galvani, en su séquito. El papa Inocencio III deseaba que la Iglesia católica romana asumiera un papel más directo en esta cruzada, a la luz de los fracasos de la cuarta cruzada, cuyo infame resultado fue la excomunión de todo el grupo. Se consideró que, si una autoridad papal dirigía la cruzada, los cruzados se mantendrían en el buen camino para alcanzar sus objetivos reales.

La afluencia de soldados franceses que trajo consigo el legado contribuyó en gran medida a reforzar la fuerza de los cruzados. Pero durante la mayor parte de 1219, los dos bandos se enzarzaron en un sangriento combate.

No fue hasta noviembre de ese año cuando los cruzados lograron finalmente imponerse y tomar la ciudad. Pero, aunque la ciudad fue tomada, el sultán no fue derrotado; simplemente trasladó su ejército más al sur.

Al final, la victoria de los cruzados en Damieta resultó costosa y el esfuerzo no sirvió para nada. Los cruzados controlaban una ciudad rodeada de enemigos. No contaban con el personal ni los recursos necesarios para defender Damieta. La quinta cruzada terminó en 1221 con una tregua. Esta tregua fue básicamente la rendición negociada de Damieta, en la que se permitió a los defensores partir en paz.

Aunque pareció que la quinta cruzada consiguió muy poco, tuvo sus momentos interesantes, como cuando un famoso monje, san Francisco de Asís, llegó a Egipto en 1219 en medio de los combates para predicar el Evangelio a cruzados y musulmanes. De hecho, se ha llegado a decir que consiguió una audiencia con el propio sultán. No se sabe mucho de lo que se habló (algunos postulan que Francisco intentó convertir al sultán al catolicismo), pero independientemente de lo que se habló, el sultán quedó bastante intrigado por la audacia del monje cristiano que había venido a visitarlo. También se teoriza que san Francisco de Asís tal vez allanó el camino para una tregua duradera entre las dos partes beligerantes.

La sexta cruzada fue consecuencia directa de los fracasos de la quinta. Muchos historiadores ni siquiera reconocen la sexta cruzada, ya que a veces se la denomina simplemente la cruzada de Federico II, puesto que fue dirigida e ideada en gran medida por el emperador del Sacro Imperio Romano Germánico Federico. El emperador Federico II estaba compensando en gran medida el hecho de no haber participado en la quinta cruzada.

No fue porque no quisiera luchar en la cruzada. Federico se había comprometido a participar, pero acabó llegando demasiado tarde. Así pues, la sexta cruzada podría verse como un esfuerzo del emperador del Sacro Imperio Romano Germánico por resarcirse. Aun así, esta supuesta cruzada apenas tuvo combates y dependió en gran medida de las maquinaciones políticas de Federico II.

El emperador Federico II negoció con éxito un tratado con al-Kamil que aseguraba la paz y concedía a los cristianos el control de Jerusalén durante un periodo de diez años, siempre y cuando la ciudad permaneciera sin fortificar y no se reconstruyeran las murallas previamente demolidas. También se estipulaba que la mezquita de Al-Aqsa, que los templarios habían convertido en su famosa sede del llamado «Templo de Salomón», permanecería exclusivamente bajo control musulmán.

Estas condiciones eran un precio muy bajo a pagar para que Jerusalén volviera a estar bajo control cristiano. La idea de que Jerusalén podría ser tomada sin derramamiento de sangre era inaudita, sin embargo, Federico se las arregló para hacerlo.

Aun así, su esfuerzo fue muy poco apreciado por los cristianos y musulmanes de la época. En el juego ideológico que se vivía, ambas partes consideraban la cooperación activa con el supuesto enemigo como una traición. Aunque el resultado fue el uso pacífico de Jerusalén por todas las partes, ambos bandos consideraron que tal acuerdo era absurdo. Y, como era de esperar, una vez finalizada la tregua de diez años, la lucha comenzaría de nuevo.

Capítulo 8: La cruzada de los barones

«Una cruzada es, en pocas palabras, algo que es más grande que tú. Es una causa con un impacto que va más allá de tus deseos y necesidades personales».

—Arthur L. Williams, Jr.

Después de la quinta y la sexta cruzadas, la numeración de las cruzadas se hace mucho más difícil de seguir. En este punto de la historia, se bifurcan en cruzadas secundarias que tenían muchos nombres diferentes y muchos objetivos distintos. Entre ellas estaba la llamada «cruzada de los barones». Este esfuerzo en particular fue dirigido por Teobaldo I (a veces también conocido como el Trovador), que era el conde de Champaña y el rey de Navarra.

Y, como es de suponer, todos los líderes de la cruzada de los barones eran barones o nobles de algún tipo. Entre ellos estaban Hugh IV, duque de Borgoña; Amaury I de Montfort (hijo del célebre Simón de Montfort, que también participó); y Richard de Cornualles, entre otros.

El ejército de Teobaldo constaba de unos 1.500 caballeros y numerosas unidades de infantería. Los condujo a todos al Levante. Las tropas de Teobaldo llegaron a las puertas de Acre el 1 de septiembre de 1239. Aquí, estos nobles fueron recibidos por nobles locales, y las siguientes semanas se malgastarían en frívolas cortesías.

Sin embargo, la cruzada de los barones acabaría teniendo mucho más éxito que muchas de las anteriores y posteriores. En noviembre,

Teobaldo condujo a sus tropas fuera de Acre y marchó a Ascalón, que había sido un bastión cruzado desde 1153. Una vez allí, levantaron un castillo fortificado.

Sin embargo, durante la marcha, uno de los nobles, Pedro I, duque de Bretaña, se separó del grupo principal y llevó a cabo una incursión punitiva contra una caravana musulmana que pasaba por allí. Fue un acto bastante terrible por parte de los cruzados, ya que los conductores de la caravana fueron masacrados y sus bienes confiscados. No fue tanto un acto de guerra como un flagrante asesinato y robo. Sin embargo, las fuerzas cruzadas se vieron reforzadas por los bienes confiscados.

Cuando los cruzados llegaron a Gaza, otra facción anunció su intención de realizar una incursión. Esta vez, Teobaldo les ordenó directamente que se retiraran. Pero incluso después de que Teobaldo y los líderes de los caballeros monásticos que estaban con ellos les dieran órdenes directas de cesar y desistir, los hombres desafiaron descaradamente las órdenes que se les habían dado y lanzaron su incursión. Se dirigieron al sur, hacia Gaza, pero esta vez no tuvieron éxito. En lugar de encontrarse con una caravana de mercaderes, se toparon con un ejército totalmente equipado. Los asaltantes fueron aniquilados.

La tregua de diez años que había dado a los cristianos el control de Jerusalén había terminado, y las fuerzas musulmanas, comprensiblemente, teniendo en cuenta el repentino ataque de violencia contra ellos, retomaron el control de la ciudad. En ese momento, debió parecer que otra cruzada más se enfrentaba al desastre, aunque no fuera una cruzada oficial. Pero los vientos del destino pronto cambiarían a favor de los cruzados, ya que los poderes islámicos locales empezaron a luchar entre sí.

El sultán al-Kamil había fallecido, y las diversas facciones ayubíes estaban sumidas en el caos mientras buscaban un sucesor. Las opciones más probables eran los hijos del sultán, al-Adil II y as-Salih Ayuub. Pero también había quienes apoyaban al hermano de al-Kamil, as-Salih Ismail, así como al hijo de Ismail, an-Nasir Dawud. An-Nasir Dawud se haría momentáneamente con el control de Jerusalén tras el fin de la tregua de diez años que había orquestado Federico II.

Sin embargo, el conde Teobaldo, que no se dejaba vencer, se mostró dispuesto a probar suerte en la diplomacia. Entabló negociaciones con el sultán an-Nasir Dawud de Damasco y trató de conseguir una alianza contra sus enemigos mutuos en Egipto con la condición de que Jerusalén, así como Sidón, Tiberíades, Galilea y el sur de Palestina, fueran devueltas a los cruzados.

Con el sultán de Damasco en el bolsillo, Teobaldo dirigió un ejército contra los egipcios. Los egipcios terminaron parados en Jafa. Como Teobaldo ya había negociado los términos del tratado con el sultán de Damasco, no vio razón alguna para tomar Jafa. En su lugar, Teobaldo aseguró los términos de su tratado. Esto significaba que Jerusalén estaba una vez más bajo control cristiano.

Creyendo que su trabajo estaba hecho, Teobaldo zarpó hacia casa en el otoño de 1240. Más refuerzos de Inglaterra llegarían en octubre, cuando Ricardo de Cornualles desembarcó en Tierra Santa con una fuerza significativa. Estos refuerzos se utilizaron para apuntalar las posiciones defensivas de los cruzados.

Aun así, se trataba de un control bastante tenue. Aunque Jerusalén fue recuperada temporalmente, volvería a perderse en 1244, cuando un poderoso ejército islámico liderado por los jorezmitas —un grupo de guerreros turcos que luchaban para los egipcios— arrebató Jerusalén a los cruzados.

Los jorezmitas, originarios de Asia central, habían sido desplazados por las invasiones mongolas desencadenadas por el caudillo Gengis Kan. Desde entonces se habían trasladado a regiones de Irak y Siria, donde consolidaron su poder antes de invadir los territorios de Jerusalén y sus alrededores, controlados por los cruzados.

Existe un interesante relato de cómo era la vida en la ciudad justo antes de su conquista por los jorezmitas. El relato procede de un erudito islámico llamado Ibn Wasil, que llegó de El Cairo para visitar la ciudad.

Aunque los musulmanes aún tenían libre acceso a Jerusalén bajo la ocupación cristiana, Ibn Wasil quedó horrorizado ante lo que vio. Habló de su repugnancia al ver a sacerdotes cristianos predicando y rezando abiertamente dentro del lugar sagrado musulmán llamado Cúpula de la Roca. También le indignó ver la sagrada mezquita de Al-Aqsa (que los templarios habían utilizado anteriormente como su propio cuartel general) «decorada con campanas». Ibn Wasil llevaba mucho tiempo criticando el control cristiano de la ciudad, desde que Federico II se asegurara diplomáticamente el arreglo allá por 1229.

En el verano de 1244, Ibn sintió que ya era hora de que alguien hiciera algo respecto al control cristiano de Jerusalén. Pocos meses después, sus plegarias fueron escuchadas. El hijo de Al-Kamil, al-Salih Ayuub, aseguró una asociación estratégica con los recién llegados a la escena, los jorezmitas. El 11 de julio de 1244, entraron en Jerusalén. Al igual que los jorezmitas habían sido desplazados por los mongoles, devolvieron el favor desplazando a los cristianos de Jerusalén.

La ciudad era bastante fácil de invadir, ya que las murallas nunca habían sido reconstruidas. Y una vez dentro, los jorezmitas fueron absolutamente despiadados. Cortaron las cabezas de sacerdotes y fieles. Profanaron la iglesia del Santo Sepulcro y asaltaron las tumbas de los reyes cruzados (salvo la del rey leproso, que se dejó en paz).

Las órdenes militares de los caballeros templarios, los caballeros hospitalarios, los caballeros teutones y los caballeros leprosos hicieron todo lo posible por proteger a los civiles. Intentaron establecer un corredor a través del cual la gente pudiera ser conducida a un lugar seguro, pero la tarea resultó demasiado difícil ante semejante embestida.

Un caballero hospitalario sobrevivió como testigo de este suceso, Gerald de Newcastle. Tal y como lo describe Gerald, «el enemigo los rodeó por todos lados, los atacó con espadas, flechas, piedras y otras armas, mató y cortó [en] pedazos a unos siete mil hombres y mujeres, causando tal masacre que la sangre de los fieles corría por las laderas de las montañas como el agua».

Aun así, este no fue el final de la lucha contra los jorezmitas. Los cristianos no iban a permitir que la ciudad fuera tomada sin luchar. Los cruzados reunieron sus fuerzas y consiguieron tropas musulmanas auxiliares del sultán de Damasco, con quien estaban aliados. Esto condujo a un enfrentamiento el 17 de octubre entre las tropas cruzadas y damascenas contra un contingente de guerreros jorezmitas y egipcios cerca de Gaza.

Aunque la ciudad se conoce hoy por su nombre árabe al-Hiribya, los cruzados la conocían como La Forbie. Así pues, la batalla apocalíptica que tuvo lugar a continuación se conocería como la infame batalla de La Forbie. Las fuerzas cruzadas y damascenas estaban en inferioridad numérica, pero lucharon tan ferozmente que no estaba nada claro quién saldría vencedor.

Sin embargo, el destino de los cruzados quedó sellado cuando sus aliados damascenos acabaron por asustarse y huyeron de la batalla. Por mucho que lucharan los cruzados, la situación era ya completamente imposible. El debilitado ejército de los cruzados, totalmente empequeñecido por sus oponentes, fue aplastado con facilidad. Toda esperanza de un resultado victorioso en la cruzada de los barones se desvaneció.

Capítulo 9: Las cruzadas de Luis IX y del príncipe Eduardo

«En la prosperidad, da gracias a Dios con humildad y temor; no sea que por orgullo abuses de los beneficios de Dios y así lo ofendas».

—*Rey Luis IX*

En diciembre de 1244, el mismo año en que Jerusalén cayó en manos de los jorezmitas, el rey de Francia Luis IX yacía en lo que se creía su lecho de muerte. Desde hacía algún tiempo sufría de disentería. Reducido a piel y huesos por la enfermedad crónica, estaba tan débil que apenas respiraba. Sin embargo, cuando los presentes creían que todo estaba perdido y estaban a punto de darlo por muerto, el rey Luis se recuperó milagrosamente.

De repente, sus ojos se abrieron de par en par. Jadeó e inmediatamente pidió que le trajeran su cruz de cruzado. El rey Luis creía firmemente que acababa de regresar del borde de la muerte para convocar una cruzada y recuperar Jerusalén. El rey Luis IX estaba listo para liderar la última marcha a Tierra Santa. Y elegiría una ruta conocida para llegar allí.

Luis no se preocupó por el fracaso de la quinta cruzada, que encalló en Damieta, Egipto, ya que pidió que los cruzados llegaran de nuevo a Jerusalén atravesando Egipto. A pesar del fracaso anterior de la cruzada de los barones, pasar por Egipto tenía cierto sentido estratégico. El sultán que estaba detrás de la invasión jorezmitas de Jerusalén en 1244, al-Salih, tenía su base en Egipto. Solo tenía sentido que los cruzados quisieran llevar la lucha directamente a la figura percibida como su archienemigo en ese momento.

El sultán se volvió contra sus aliados jorezmitas casi tan pronto como le ganaron la ciudad de Jerusalén. A Al-Salih ya no le servían los jorezmitas, así que reunió a sus propias fuerzas y los expulsó de la ciudad. Si hubiera sido posible, el movimiento más inteligente que los cruzados podrían haber hecho en ese momento habría sido unirse de alguna manera a los jorezmitas.

Al fin y al cabo, los jorezmitas estaban más que dispuestos a vengarse del sultán. Una alianza entre cruzados y jorezmitas habría sido un caso clásico de «el enemigo de mi enemigo es mi amigo», en el que dos adversarios olvidan temporalmente sus diferencias para unirse contra un enemigo común. Habría sido interesante ver cuál habría sido el resultado final de tan improbable asociación.

Sin embargo, la historia no fue así. Los cruzados no contaban con una alianza estratégica de ese tipo, sino que asaltaron las playas (en su propia versión medieval del Día D) en junio de 1249 y se enfrentaron solos al enemigo. El sultán y sus tropas los esperaban con cuernos y tambores. Si pensaban que este despliegue asustaría a los intrusos cristianos, se equivocaban.

El rey Luis IX era un hombre de convicciones después de su experiencia cercana a la muerte. Desembarcó sin miedo de su barco en cuanto tuvo tierra a la vista y dirigió a sus tropas para atacar al enemigo. Los acompañaba Walter de Brienne, que acababa de ser rescatado como prisionero de guerra tras la desastrosa batalla de La Forbie.

El sultán contaba con un ejército formidable dirigido por un general igualmente formidable, Fakhr al-Din. Por eso sorprende que, en cuanto los cruzados atacaron, Fakhr al-Din ordenara a sus tropas que se retiraran en vez de aplastar a los invasores en la costa. Más extraño aún, ordenó evacuar Damieta. Los cruzados acabaron marchando hacia una ciudad vacía. A muchos les debió parecer que actuaba una mano divina, pero sus oponentes egipcios tenían sus propias razones para tomar estas medidas.

Fakhr al-Din era un estudioso de la historia y sabía lo difícil que fue para los cruzados mantener la ciudad durante la quinta cruzada. Por ello, pensó que dejar que se apoderaran de ella (y, en consecuencia, que se hicieran cargo de todas las cargas de mantenimiento y defensa que conllevaba) los perjudicaría más de lo que les beneficiaría.

El general egipcio reagrupó sus fuerzas más arriba en el Nilo, en el sitio fuertemente fortificado de al-Mansurah. Esperó pacientemente a que los cruzados encontraran su perdición en este lugar. Tendrían que remontar el Nilo para luchar contra los egipcios, lo que los colocaba en desventaja, o bien agotarse en Damieta. Cada una de estas opciones era mala; la que eligieran dependía de ellos.

En noviembre de 1249, las fuerzas cruzadas determinaron que el Nilo había retrocedido lo suficiente como para continuar su invasión río arriba. Podría haber sido un momento fortuito para ellos, ya que fue justo en ese periodo cuando el sultán al-Salih falleció repentinamente. Su general, Fakhr al-Din, mantuvo su muerte en el más absoluto secreto para afianzarse en el poder.

Fakhr al-Din también se aseguró de organizar su ejército en una formidable máquina de combate. A la cabeza de su ejército había un contingente especial de guerreros conocido como bahriyya, que en árabe significa «del río». Este grupo, al que a menudo se compara con una versión islámica de los templarios, era feroz, intrépido y totalmente entregado a la causa. Esta tremenda fuerza esperaba la llegada de los cruzados.

En diciembre —nada menos que el día de Navidad— las fuerzas del rey Luis IX se dirigieron finalmente hacia al-Mansurah, llegando a la orilla opuesta del río Tanis, donde se encontraron frente a frente con sus adversarios. Aunque separados por el agua, los dos bandos comenzaron a entablar escaramuzas. Los ingenieros del rey Luis IX empezaron a trabajar enérgicamente en la construcción de puentes de pontones, con los que se esperaba poder cruzar.

En febrero de 1250, un beduino local se acercó al campamento de los cruzados y los convenció de que podía guiarlos hasta un estrecho tramo del río que se podía cruzar a caballo. Prometió divulgar esta información por el módico precio de «quinientos bezantes». Los cruzados pensaron que era una buena oportunidad y aceptaron la oferta. Consiguieron cruzar el río, pero fueron fácilmente descubiertos por una fuerza de reconocimiento mientras lo hacían.

La fuerza de reconocimiento dio media vuelta y se apresuró a informar a Fakhr al-Din de la noticia. Los cruzados deberían haber permitido que sus fuerzas cruzaran completamente el río y se consolidaran para estar mejor preparados para una batalla campal cuando llegara. De este modo, podrían haber aprovechado el desfase temporal, ya que el equipo de reconocimiento tuvo que cabalgar para informar a Fakhr.

Pero en lugar de eso, los cruzados que habían cruzado cargaron inmediatamente contra las tropas de reconocimiento, aparentemente con la esperanza de aniquilarlas antes de que llegaran a Fakhr. Acabaron persiguiendo al grupo hasta las calles de al-Mansurah. Si Fakhr no sabía de su llegada antes, sin duda lo habría sabido en ese momento. Cuando los cruzados atravesaron la ciudad, anunciaron su presencia a gritos.

Así que, en lugar de elegir el lugar más óptimo para enfrentarse al enemigo, los cruzados se enzarzaron en una violenta y sangrienta lucha callejera. Y cuando el enemigo se reagrupó y reforzó su número, los cruzados se vieron fácilmente rodeados en un terreno urbano desconocido. Atacadas por todas partes, las tropas cruzadas fueron despedazadas. Cientos de caballeros murieron, entre ellos unos 280 templarios, que parecían llevarse la peor parte del asalto.

No hace falta decir que los cruzados fueron empujados hacia atrás. En abril, parecía que toda esperanza de recuperación se había perdido. El 5 de abril se ordenó una retirada total, y los cruzados huyeron por el Nilo mientras eran acribillados por el enemigo durante todo el camino. Peor aún, en el caótico tumulto, el propio rey Luis IX fue capturado. Su captura dio verdadero significado a la frase «rescate de un rey» (interpretado como «un dineral»), ya que los que retenían al rey Luis exigieron una enorme cantidad de dinero para asegurar su libertad.

A los que habían sobrevivido se les comunicó que el rey no sería liberado a menos que se entregaran 800.000 bezantes de oro en el campamento del sultán. Los hombres del rey no llevaban tanto dinero encima, pero sabían quién lo tenía: los templarios. Estos caballeros habían servido durante mucho tiempo como una especie de institución bancaria y poseían enormes riquezas. Sin embargo, los templarios no podían entregar sin más una cantidad tan enorme, ya que el dinero que custodiaban estaba depositado por otros.

El mariscal superviviente de la orden, Renaud de Vichiers, simpatizaba con el rey de Francia y deseaba su liberación como cualquier otro. Por ello, ideó una astuta estratagema para hacerlo sin tener que romper ninguno de sus votos personales en el proceso.

Ante la presencia de las tropas francesas del rey, Renaud proclamó en voz alta que no podía prestar dinero y que, si los franceses se lo llevaban por la fuerza, los templarios se verían obligados a pagar una indemnización a su regreso a la fortaleza cruzada de Acre. Los franceses comprendieron rápidamente el juego al que estaba jugando el mariscal templario. Aunque Renaud estaba obligado por juramento a salvaguardar los fondos, no se lo consideraría responsable si los franceses se apoderaban de ellos por la fuerza.

Así pues, un pequeño contingente de tropas francesas asaltó la galera de los templarios y se apoderó por la fuerza del dinero suficiente para liberar a su rey. Mientras esto sucedía, los templarios permanecieron de brazos cruzados; no rompieron ningún juramento, pero tampoco opusieron resistencia. Como resultado de estas maquinaciones, el rey Luis fue liberado. El 13 de mayo de 1250, se dirigió a Acre.

Pasó los años siguientes en esa ciudad haciendo todo lo posible para que el mayor número posible de prisioneros de guerra cristianos de la debacle egipcia fueran liberados. Por estas buenas obras, el rey Luis IX sería canonizado posteriormente como santo. Además, muchas regiones geográficas recibirían el nombre de este rey y santo (por ejemplo, San Luis, Misuri, y el río San Luis, ambos en Estados Unidos).

A pesar de esta aclamación póstuma, Luis volvería a casa en 1254, muy decepcionado por el fracaso de su misión. Sin embargo, volvería a intentarlo. Varios años después, en 1270, consiguió un poderoso aliado, el príncipe Eduardo de Inglaterra (futuro rey Eduardo I de Inglaterra). El padre del príncipe Eduardo, el rey Enrique III, era demasiado viejo para semejante aventura, pero su enérgico hijo estaba más que preparado para el desafío.

Tan pronto como se obtuvieron todas las bendiciones papales y se hicieron los arreglos financieros, Eduardo estaba listo para embarcar hacia Tierra Santa. Pero el rey Luis, que volvía a estar al mando, tenía de nuevo la vista puesta en el norte de África. Esta vez, quería apoderarse de la ciudad de Túnez, controlada por los musulmanes, y convertirla en su base de operaciones. Se creía que Túnez podría utilizarse como depósito de suministros en el Mediterráneo y punto de partida para una marcha por tierra a través de Egipto y luego hacia Tierra Santa.

Pero el destino quiso que el rey Luis pereciera en agosto, mientras el príncipe Eduardo estaba de camino. Tras la muerte de Luis, se negoció una tregua con el emir de Túnez. Irónicamente, cuando Eduardo desembarcó, se le informó de que la cruzada había terminado. Sin saber qué más hacer, Eduardo y sus tropas zarparon de Túnez y desembarcaron en Sicilia, donde pasaron el invierno. Luego se dirigieron al último gran bastión de los Estados Cruzados en el Levante: Acre.

El príncipe Eduardo llegó a la ciudad de Acre el 9 de mayo de 1271. La situación era bastante desesperada para los cruzados, que luchaban por aferrarse al último bastión que les quedaba en Tierra Santa. De hecho, justo antes del desembarco de Eduardo, el otrora poderoso castillo francés conocido como *Krak des Chevaliers*, que se alzaba en las afueras de Acre, acababa de ser tomado por las fuerzas islámicas.

El principal antagonista de los cruzados en aquel momento era un sultán local llamado al-Malik al-Zahir Baibars (también escrito Baybars). Poco después de la llegada de Eduardo, el sultán cabalgó hasta las puertas de Acre con una gran fuerza, no para luchar, sino para ridiculizar y burlarse abiertamente de los cruzados encerrados en la ciudad. Aunque el príncipe Eduardo llegó con un pequeño ejército de unos cientos de soldados, su llegada levantó la moral. Sin embargo, él y sus tropas no bastarían para cambiar las tornas. El príncipe Eduardo no tardó en darse cuenta de que un combate abierto sería un desastre. No obstante, quiso hacer lo posible para golpear a los antagonistas de la cristiandad, por lo que comenzó a realizar incursiones de asalto. Sin embargo, estos ataques no se llevaban a cabo contra soldados, sino contra objetivos civiles, lo que los convertía en poco más que ataques de tipo terrorista. Estos ataques eran sin duda cobardes, ya que la única razón real por la que Eduardo atacaba a civiles era que resultaba mucho más fácil someterlos.

En el fondo, Eduardo debía saber que tales actos no eran propios de un príncipe cristiano de su talla. Sin embargo, parecía que tales acciones mezquinas y punitivas eran todo lo que era capaz de llevar a cabo. Pero pronto se encontró con problemas mayores. Comenzó a diseñar una colaboración abierta con uno de los mayores enemigos del islam: los mongoles. Eduardo envió un emisario al caudillo mongol Abaqa Khan y persuadió a los mongoles para atacar la ciudad de Alepo, situada en la actual Siria. Esto pondría a las fuerzas mongolas justo al noreste de Acre.

El plan consistía en utilizar el ataque mongol a Alepo como distracción. Así, cuando los mongoles atacaran, los cruzados podrían marchar hasta una Jerusalén indefensa. Pero los cruzados primero tenían que tomar una importante fortaleza llamada Qaqun, que se encontraba como una torre de vigilancia entre Acre y Jerusalén.

Eduardo y sus tropas, junto con un grupo de caballeros hospitalarios y templarios, marcharon hacia la fortaleza. El grupo solo pudo llegar al borde mismo de la ciudadela antes de ser acorralado por las fuerzas enemigas. Sus oponentes resultaron demasiado formidables y tuvieron que retirarse. Esta humillante retirada solo provocó las burlas del sultán Baibars.

Se dice que el sultán proclamó: «Si tantos hombres no pueden tomar una casa [la fortaleza de Qaqun], parece improbable que conquisten el reino de Jerusalén». Aun así, Eduardo intentó idear un plan para un nuevo asalto. Pero después de estar a punto de morir a manos de uno de los infames asesinos de Baibars, finalmente admitió su derrota y emprendió su largo viaje de regreso a Inglaterra.

Sin embargo, no se marchó antes de obtener el compromiso de Baibars de acordar una tregua de diez años. Baibars moriría cinco años más tarde. Algunos han teorizado que fue envenenado por uno de sus propios asesinos. En cualquier caso, los últimos restos de los Estados Cruzados pronto estarían en peligro una vez más.

Capítulo 10: La caída de los Estados Cruzados

«Cada guerra es su propia excusa. Por eso todas están rodeadas de ideales. Por eso todas son cruzadas».

—Karl Shapiro

El año 1291 sería infame, porque sería el año en que se perdería el último bastión de los Estados Cruzados en Tierra Santa. El sucesor de Baibars, el sultán al-Ashraf Jalil, asestaría el golpe definitivo a los cruzados.

En 1291, gran parte de Europa había dejado de lado las cruzadas. No eran una prioridad para la mayoría de los líderes europeos de la época. Sin una gran fuerza cruzada procedente de Europa, los principales defensores de la ciudad de Acre fueron las órdenes militares residentes: los templarios, los hospitalarios y los caballeros teutones. Había incluso un puñado de caballeros leprosos de la Orden de San Lázaro. Todos estos caballeros estaban dispuestos a dar su vida por la ciudad de Acre y sus cuarenta mil habitantes. Muchos de ellos finalmente lo hicieron.

El nuevo sultán comenzó a planear lo que sería el asalto final a la ciudad en marzo de 1291. Las fuerzas del sultán rodearon Acre y acamparon frente a las murallas. Comenzaron su asalto el 5 de abril, no sin antes dar a los que estaban dentro la oportunidad de rendirse. La tradición islámica consistía desde hacía mucho tiempo en dar a los habitantes de una ciudad la oportunidad de someterse voluntariamente al islam.

Esto no significa que los residentes tuvieran que convertirse. Más bien, los residentes tenían que aceptar la autoridad del islam. Los cristianos permanecerían ilesos mientras pagaran la *yizia* (un impuesto religioso) y se sometieran a las condiciones que conllevaba ser un ciudadano de segunda clase. Sin embargo, los defensores de Acre no habían pasado toda su vida luchando por mantener su dominio en Tierra Santa para rendirse ahora.

Tampoco había garantías reales de que sus conquistadores cumplieran su parte del trato. Aunque estas eran las reglas generales de la guerra islámica, el odio y el antagonismo entre los dos bandos era tan grande a estas alturas que habría sido difícil saber si estas condiciones se habrían cumplido incluso si los cruzados hubieran depuesto las armas y las hubieran aceptado. Los días caballerescos de Ricardo Corazón de León y Saladino habían quedado atrás y habían sido sustituidos por doscientos años de animosidad sin fin.

Los cruzados pensaron que solo tenían una opción: seguir luchando. Así que, cuando recibieron la noticia de que el sultán estaba dispuesto a discutir los términos de su rendición, los cruzados respondieron lanzando flechas, piedras y basura a los mensajeros del sultán.

Los cruzados fortificaron entonces sus defensas y se prepararon para el inevitable asalto. También intentaron sabotear a los musulmanes. En plena noche, un grupo de caballeros de la Orden de San Lázaro se escabulló de Acre e intentó destruir las máquinas de asedio del sultán. Si hubieran tenido éxito, habrían mermado considerablemente la capacidad del sultán para hacer la guerra. Sin embargo, estos caballeros leprosos fracasaron en su intento, ya que sus caballos tropezaron con las cuerdas de las tiendas que se entrecruzaban por todo el campamento del sultán.

El tumulto resultante hizo que el enemigo cayera sobre los caballeros leprosos, que fueron rápidamente abatidos. Pocas semanas después, el 14 de mayo, el sultán dirigió su asalto final a Acre. Sus máquinas de asedio atravesaron las murallas tal y como estaba previsto, y sus tropas penetraron en la ciudad. Hospitalarios, templarios, caballeros teutones y caballeros leprosos se enfrentaron al enemigo y lucharon con todo lo que tenían. Los únicos refuerzos reales fueron un puñado de caballeros enviados desde Inglaterra. Pero esto no era más que una gota en un cubo, y el mayor número de sus oponentes los abrumaría muy pronto.

El pequeño grupo de caballeros andrajosos que sobrevivió se dirigió a la fortaleza templaria conocida como la «Casa Templaria». Salvaguardaron a los civiles que corrieron a la fortaleza en busca de refugio. En un primer momento, el sultán prometió un salvoconducto a los civiles que quedaban, prometiendo escoltarlos hasta un puerto cercano con sus propios hombres para que pudieran ser evacuados de la ciudad. Muchos ya habían intentado llegar al puerto, pero los cascos de los caballos invasores los habían pisoteado.

Las condiciones caóticas eran bastante peligrosas. Por ejemplo, el patriarca de Jerusalén, Nicolás de Hanapes, perdió la vida simplemente resbalando de una barca y pereciendo en las aguas. Pero sintiendo que esta era la única oportunidad que tenían para sacar a los civiles que quedaban de Acre, los templarios aceptaron la propuesta. Pero cuando abrieron las puertas de la ciudadela y sus escoltas musulmanes entraron en la Casa Templaria, se dice que empezaron a maltratar a las mujeres y los niños.

Algunos relatos refutan la idea de que las mujeres y los niños fueran maltratados o acosados, pero algo parece haber provocado a los templarios, ya que parece poco probable que atacaran sin motivo después de haber dado su palabra. Por la razón que fuera, el enfurecido mariscal, Peter de Sevrey, decidió incumplir el acuerdo, cerrando de golpe las puertas y encerrando en su interior a unos cientos de combatientes enemigos. Los templarios, hospitalarios, teutones y caballeros leprosos supervivientes se lanzaron contra sus enemigos y les dieron una buena paliza.

El sultán estaba muy cansado de la prolongada lucha y deseaba ponerle fin. Ordenó a sus ingenieros que colocaran explosivos alrededor de los cimientos de la Casa Templaria.

Los explosivos consiguieron romper los muros del recinto. Las fuerzas del sultán irrumpieron entonces en el edificio. Pero en cuanto lo hicieron, todo el edificio se derrumbó sobre ellos. Todos los que estaban dentro murieron al derrumbarse el tejado. Los cruzados y los que estaban a su cargo perecieron. Este fue el fin de la fortaleza cruzada de Acre, y con su caída llegó el fin de los Estados Cruzados.

Segunda parte:
Otras cruzadas

Capítulo 11: Las cruzadas bálticas

«Cualquier cruzada requiere optimismo y la ambición de apuntar alto».
—Paul Allen

Las cruzadas bálticas fueron en realidad una serie de expediciones contra los reductos paganos del noreste de Europa. Las cruzadas bálticas se basaron en el precedente de lucha contra los paganos que se había establecido durante la cruzada de los wendos, así como en los esfuerzos del emperador del Sacro Imperio Romano Germánico, Carlomagno, que había hecho la guerra a los paganos de Sajonia (actual Dinamarca). Se cree que el punto de partida real de lo que se ha agrupado como cruzadas bálticas fue cuando el papa Celestino III hizo un llamamiento a la acción en 1195.

Los caballeros livonios, o hermanos de la Espada, se vieron inmersos en una guerra contra los restos del paganismo europeo a principios del siglo XII. Livonia constituía gran parte de la costa oriental del mar Báltico, en el noreste de Europa, que hoy forman las actuales naciones de Letonia, Lituania y Estonia. Esta región se convirtió en el punto de partida de los misioneros cristianos que deseaban convertir a los paganos locales. También fue testigo de un creciente asentamiento de pueblos europeos occidentales (predominantemente germanohablantes).

A medida que aumentaba el inevitable conflicto entre cristianos y paganos, se decidió que la región se beneficiaría de una orden militar permanente encargada de la protección de los cristianos y la conversión activa de los paganos. Alberto, obispo de Riga, fundó la Orden de Livonia en 1202. Poco después, los caballeros livonios se vieron

---

envueltos en combates cada vez más hostiles con guerreros paganos (predominantemente lituanos).

La orden obtuvo muchas victorias en sus inicios, pero casi fue aniquilada en 1236 durante la batalla de Saule, en la que los lituanos se unieron y desataron una feroz embestida contra ellos. Muchos de ellos, incluido su gran maestre, murieron en la batalla. Tras este incidente, los restos de los caballeros livonios fueron absorbidos por los caballeros teutones. La fusión parece haberse completado en 1237.

La historia de los caballeros teutones es interesante y merece ser tratada en profundidad. La orden comenzó su existencia en Tierra Santa como guardianes del Hospital de Santa María. Tras la pérdida inicial de Jerusalén en 1187, se trasladaron a Acre. Pero después de la caída de Acre, se vieron obligados a cambiar de marcha una vez más. Y una vez que Tierra Santa se perdió por completo, la gran mayoría de los caballeros teutones terminaron redistribuyéndose en Livonia.

El papa decretó que se estaba preparando una nueva cruzada contra los paganos de Livonia e incluso declaró que Livonia era la «tierra de la Madre de Dios». Estas cosas suenan un poco extrañas, teniendo en cuenta que las tierras del noreste europeo del Báltico están bastante lejos de Oriente Próximo, pero en aquellos días, las palabras del papa eran poderosas. Y si él declaraba que era así, debía serlo. Además, las palabras del papa añadían mística y atractivo a las cruzadas y a la posibilidad de morir en un esfuerzo por someter tierras paganas.

Pero los caballeros teutones no solo se enfrentaron a los paganos. También cayeron mal entre los cristianos ortodoxos rusos. Los rusos eran parte de la familia cristiana, pero la familia se había dividido en 1054, con la ortodoxia oriental por un lado y la Iglesia católica por el otro. La animadversión por sus diferencias religiosas y, tal vez, el temor a que los ortodoxos orientales convirtieran a los paganos livonios antes de que los católicos tuvieran la oportunidad, desembocarían en un enfrentamiento armado.

El más famoso de estos enfrentamientos fue la famosa batalla del Hielo de 1242, en la que un regimiento entero de caballeros teutones fue diezmado por las fuerzas del príncipe ruso Alejandro Nevski. Los caballeros fueron atraídos a un lago helado antes de ser acorralados y sometidos a martillazos por las fuerzas rusas. Se intentó una retirada, pero los caballeros apenas pudieron evitar caer sobre el hielo en el cuerpo a cuerpo. Todo el asunto se convirtió en una debacle devastadora para los caballeros teutones.

Este suceso mantuvo a los caballeros teutones alejados de las fronteras rusas. En su lugar, volvieron a centrar sus esfuerzos en la costa del Báltico y en una región conocida como Pomerania, que hoy constituye gran parte de Polonia y parte de Alemania. El mismo año en que tuvo lugar la batalla del Hielos, el duque polaco Swietopelk II de Pomerania empezó a tener problemas con los caballeros teutones estacionados en la región. Para deshacerse de ellos, decidió aliarse con los caudillos locales y expulsarlos.

En el pasado, los polacos se habían aliado con los caballeros teutones contra los paganos, como ocurrió cuando los caballeros teutones fueron reclutados en la década de 1220 para ayudar a los polacos en su lucha contra los paganos de Prusia. La Orden Teutónica se había aliado con el duque polaco Konrad de Masovia. Recientemente, los polacos habían recibido una paliza de los guerreros prusianos, que habían perpetrado ataques de tipo terrorista, matando a civiles y arrasando edificios religiosos.

Prusia (no confundir con el posterior Reino de Prusia) era otro principado báltico que ya no existe, pero que, en aquella época, consistía en los confines sudorientales del Báltico. El papa había emitido una famosa Bula de Oro en relación con los ataques prusianos, sancionando una cruzada en 1230. Los caballeros teutones, los polacos y los leales pomeranos unieron sus fuerzas para atacar a los paganos prusianos. Los caballeros teutones tuvieron éxito en su carga y expulsaron a los prusianos.

Pero cada pocas millas que los caballeros teutones avanzaban, se detenían y construían una fortaleza. De este modo, los caballeros teutones echaban raíces permanentes. Aunque el duque polaco estaba contento de que los caballeros teutones lo hubieran ayudado a deshacerse de los prusianos, ahora tenía que enfrentarse a un ejército permanente de caballeros teutones acampados en sus tierras.

Además, los inmigrantes alemanes del Sacro Imperio Romano Germánico empezaron a llegar en masa, asentándose en las tierras que rodeaban los castillos teutónicos bajo el supuesto de que estaban bajo la plena protección de los caballeros teutones. Décadas más tarde, el duque Swietopelk de Pomerania trató de remediar esta situación aliándose con bandas de pomeranos para despachar a los caballeros teutones.

El duque comprendió perfectamente que los caballeros teutones estaban en su mejor momento cuando podían salir de sus fortalezas para lanzar ataques rápidos antes de regresar al refugio de los muros de sus castillos. Así pues, el duque comenzó a hostigar y acosar sin descanso a los caballeros, con la esperanza de atraparlos en campo abierto. Dirigió una serie de ataques emboscados con éxito, intentando pillar a los caballeros con la guardia baja.

El duque Swietopelk también sitió muchas de sus fortalezas. En 1244, a los caballeros teutones solo les quedaban tres fortalezas intactas. El astuto duque acabó rodeando estas fortalezas restantes erigiendo contrafuertes alrededor de los asediados castillos teutones. Los caballeros teutones lograron reunir sus fuerzas y derribaron los contrafuertes uno a uno.

Sin embargo, en 1247, el duque tuvo que admitir que su causa estaba perdida. Es entonces cuando entra en escena el papa, que insiste en que ambas partes lleguen a una solución pacífica. En 1249 se promulgó el Tratado de Christburg.

Décadas más tarde, en 1308, los caballeros teutones volvieron a enfrentarse a las potencias polacas, esta vez por el enclave alemán de Danzig (la actual Gdansk). Los caballeros teutones salieron victoriosos, pero dejaron tras de sí una auténtica masacre. Al parecer, la devastación fue tal que incluso el papa condenó a la orden. No se sabe con exactitud cuántas personas murieron, pero los historiadores coinciden en que se produjeron matanzas masivas.

Los caballeros teutones seguirían luchando durante algún tiempo, pero su reputación estaba por los suelos. Este terrible acontecimiento se convertiría en una de las notas finales de las cruzadas bálticas. Los historiadores han considerado que las cruzadas bálticas fueron mucho más exitosas que las cruzadas a Tierra Santa.

Capítulo 12: Cruzadas contra los herejes

«La forma más segura de provocar una cruzada a favor de alguna buena causa es prometer a la gente que tendrán la oportunidad de maltratar a alguien. Ser capaz de destruir con buena conciencia, ser capaz de comportarse mal y llamar a tu mal comportamiento "justa indignación", este es el colmo del lujo psicológico, el más delicioso de los caprichos morales».

—Aldous Huxley

Los gnósticos cristianos practicaban una variante mística del cristianismo. Su aparición se remonta al siglo II, antes de que los partidarios del cristianismo dominante la reprimieran sin piedad.

Los gnósticos cristianos y los cátaros imaginaban un mundo dual en el que había un Dios igual de bueno y otro igual de malo. Para la Iglesia católica, esto parecía equiparar a Satanás con Dios. Esta creencia fue considerada herejía por los líderes de la Iglesia, ya que la doctrina cristiana oficial enseña que Satanás es el ángel caído Lucifer, un ser creado por Dios. Por lo tanto, sería lógico argumentar que los dos no pueden ser equiparados. Lo creado no es igual a lo creador.

Los cátaros fueron fuertemente influenciados por los gnósticos que vinieron antes que ellos. Ambas sectas creían que el mundo era inherentemente malvado y que el objetivo de la humanidad era despojarse de sus cuerpos humanos para que sus almas se liberaran del malvado mundo físico. Esto también es contrario a las enseñanzas de la

Iglesia, ya que la enseñanza fundamental del cristianismo es que los muertos resucitarán para vivir en un cuerpo glorificado (y totalmente físico).

En el curso de su evolución religiosa, los cátaros se las arreglaron para recoger algunas cepas del hinduismo en sus enseñanzas, ya que los cátaros creían en una forma de reencarnación y transmigración de las almas. Creían que las personas renacían continuamente en forma física hasta que finalmente podían ser «liberadas» para vagar como espíritus incorpóreos. Estas enseñanzas contrarias de los que se llamaban a sí mismos «cristianos» preocupaban más al papa que el avance de las fuerzas musulmanas.

Así pues, en 1208 se convocó una cruzada y los cruzados irrumpieron obedientemente en el corazón de Francia para destruir a los cátaros y a quienes les daban cobijo. Curiosamente, esta misión se consideró tan importante que el legado personal del papa —Arnaldo Amalric— dirigió literalmente la carga. Este representante papal estaba sobre el terreno, dirigiendo la carnicería. Arnaldo Amalric escribió algunos relatos asombrosamente alegres del derramamiento de sangre.

En un momento de la refriega, envió una misiva en la que se regodeaba: «Hoy, su santidad, veinte mil ciudadanos han sido pasados a cuchillo, sin distinción de edad o sexo». Hoy resulta chocante oír a alguien, y menos aún a un líder religioso, hablar así de una matanza masiva. Pero en aquellos días, la religión se había vuelto militante. Se consideraba que los cristianos que se habían apartado de la fe dominante estaban corrompidos y eran una plaga. Se temía que, si estos cristianos no eran controlados, sus creencias «heréticas» podrían extenderse a otros cristianos.

En respuesta a la noticia de la destrucción de los cátaros, el papa escribió: «Alabado y agradecido sea Dios por lo que ha obrado misericordiosamente por medio de ti y de estos otros a quienes el celo por la fe ortodoxa ha encendido a esta obra contra sus enemigos más pestilentes».

Aquí, el papa se está refiriendo claramente a los herejes como una «pestilencia», como si fueran una especie de virus que necesitaba ser eliminado. Y esta misma mentalidad estaba vigente cuando estalló la cruzada bosnia en los Balcanes en 1235. También hubo una gran dosis de conquista, ya que el Reino de Hungría trató de añadir vastas extensiones de territorio a su reino. Esto tiene sentido, ya que el líder de la cruzada bosnia era el príncipe heredero de Hungría, el príncipe Colomán.

Aunque la conquista fue el principal motor de esta cruzada, la religión también desempeñó un papel. De hecho, la cruzada bosnia estaba directamente relacionada con la cruzada albigense, que tuvo lugar años antes.

Se rumoreaba que un antipapa cátaro llamado Nicetas había fijado su residencia en Bosnia. Hoy en día, los académicos no están seguros de que este personaje existiera. Sin embargo, había muy pocas razones para justificar los terribles combates que siguieron. Más allá de las acusaciones de que Bosnia albergaba a Nicetas, se hicieron acusaciones más generales de que los bosnios abrazaban una secta llamada bogomilismo. Los seguidores del bogomilismo creían en la dualidad del bien y el mal y eran similares a los cátaros.

Después de todo el derramamiento de sangre, los cruzados lograron muy poco; solo consiguieron apoderarse de secciones muy pequeñas del territorio bosnio.

La gran amenaza de los mongoles pronto se antepuso a las pequeñas disputas entre cristianos. Justo en medio de la cruzada bosnia, los ejércitos mongoles amenazaron con invadir los Balcanes. Y antes de que todo estuviera dicho y hecho, el propio príncipe Colomán perecería.

Capítulo 13: Las cruzadas de Alejandría y Saboya

«Cualquier cruzada requiere optimismo y la ambición de apuntar alto».
—*Paul Allen*

La cruzada Alejandrina, también conocida a veces como el saqueo de Alejandría, tuvo lugar cuando el potentado de Chipre, Pedro I, decidió que le sería rentable invadir Alejandría, Egipto. Aunque a menudo se considera parte de las cruzadas, se ha señalado ampliamente que esta operación militar en particular carecía en gran medida de los ideales religiosos que caracterizaban a sus predecesoras.

En muchos sentidos, la cruzada de Alejandría fue más o menos un ataque preventivo contra un adversario extranjero. Pedro había recibido una sorprendente información de inteligencia que indicaba que los egipcios estaban planeando un asalto a Chipre. Por lo tanto, Pedro levantó sus propias tropas para llevar la lucha directamente a Alejandría, Egipto. Pedro I de Chipre pasó casi tres años formando un ejército. A sus fuerzas se unieron los famosos caballeros hospitalarios, que se habían refugiado en la isla de Rodas.

Pedro y sus hombres se reunieron con los caballeros en Rodas en otoño de 1365. Se dice que su flota constaba de unos 165 barcos. La armada descendió sobre Alejandría el 9 de octubre de 1365. Pedro y sus hombres asaltaron la ciudad y, en los días siguientes, miles de personas murieron y muchas más fueron hechas prisioneras de guerra. Los hombres de Pedro incendiaron la ciudad, arrasando mezquitas e iglesias por igual. Egipto tenía—y sigue teniendo— una considerable población cristiana, pero parece que ni siquiera a ellos les fue mucho mejor que a sus compatriotas musulmanes en la embestida de Pedro.

Además de robar y asesinar a los habitantes de Alejandría, Pedro estaba aparentemente ansioso por convertir la situación en otra Damieta, ya que creía que podría utilizar la ciudad como base de avanzada para futuras cruzadas en Oriente Medio. Pero sus compañeros capitanes se dieron cuenta de lo vulnerables que eran. O tal vez conocían la historia de anteriores campañas fallidas en la región. En cualquier caso, convencieron a Pedro de que debían marcharse mientras tuvieran ventaja.

Y eso fue precisamente lo que hicieron. En lugar de quedarse a defender la ciudad y enfrentarse inevitablemente a refuerzos furiosos, los hombres de Pedro saquearon todos los objetos de valor que pudieron y mataron a cualquiera que se interpusiera en su camino antes de volver a sus barcos y zarpar hacia Chipre. Así pues, a menudo se dice que la cruzada de Alejandría se asemeja más al saqueo de una ciudad que a una auténtica cruzada ideológica.

Pero independientemente de cómo se cuantifique, la audaz incursión sería recordada. Más tarde acabaría siendo mencionada en el famoso texto medieval *Los cuentos de Canterbury*.

La cruzada Saboyana se inició poco después de la cruzada de Alejandría. Sancionada oficialmente por el papa Urbano V, la cruzada Saboyana se lanzó en los Balcanes en un intento de contrarrestar la creciente amenaza del Imperio otomano. El nombre de esta cruzada se debe a que fue dirigida por Amadeo VI, conde de Saboya.

En la cruzada de Saboya, los occidentales colaboraron activamente con Hungría y el Imperio bizantino, cada vez más acosado por los otomanos. El papa convenció primero a Luis I de Hungría para que participara, persuadiéndolo de que se opusiera a la invasión turca de la región. El papa también mantuvo frecuentes contactos con el emperador bizantino Juan V Paleólogo sobre los términos de la cooperación entre el Occidente cristiano y el Oriente cristiano.

En el centro de estas conversaciones estaban los planes para sanar el cisma que había estallado entre los católicos latinos y los cristianos ortodoxos. El emperador bizantino estaba considerando reunirse con la Iglesia católica e incluso reconocer la autoridad papal sobre la Iglesia ortodoxa griega si se lo ayudaba a expulsar a los turcos de los Balcanes.

El emperador Juan V parecía fiel a su palabra. En 1366, incluso acudió a la corte del rey húngaro, donde juró que él y su familia se convertirían personalmente al catolicismo.

Todo esto fue música para los oídos del papa, que hizo todo lo posible por coordinar las fuerzas cruzadas para llevar a cabo la tan necesaria operación de socorro del Imperio bizantino en los Balcanes para frenar la expansión de los turcos otomanos. Poco después, Amadeo dirigió una fuerza considerable en barco directamente a los Dardanelos para atacar las posiciones turcas en Galípoli.

Los cruzados tomaron la ciudad en agosto, tras la huida de los turcos, y sus habitantes abrieron las puertas de par en par. A diferencia de otras tomas medievales de ciudades, la de Galípoli parece más una liberación que una conquista. Tiene sentido, ya que esta ciudad acababa de ser invadida por los turcos. Los residentes bizantinos ciertamente apreciaron ser rescatados.

El control de Galípoli era de crucial importancia estratégica, ya que daba a los cruzados el control sobre lo que había sido la principal estación de pesaje de los turcos en su paso hacia Europa. La fuerza saboyana llegó a Constantinopla el 4 de septiembre de 1366 y lanzó una expedición contra otro enemigo de Bizancio: los búlgaros. En octubre, los cruzados tomaron los asentamientos estratégicos de Mesembria y Sozopolis.

Los cruzados también intentaron tomar Varna. Esperaban que los ciudadanos les abrieran las puertas y los dejaran entrar, pero no fue así. En su lugar, se produjo un amargo estancamiento.

Amadeo VI de Saboya pronto se quedó sin dinero y se vio obligado a regresar a casa. Sin embargo, antes de partir, los griegos mostraron su agradecimiento a los cruzados por ayudarlos contra turcos y búlgaros. Según los cronistas saboyanos, «todas las órdenes religiosas, los caballeros, los ciudadanos, los mercaderes, el pueblo, las mujeres y los niños, y [todos] ellos fueron a la orilla del mar a recibir al conde, gritando "Viva el conde de Saboya, que ha librado a Grecia de los turcos y al emperador, nuestro señor, de las manos del emperador de Bulgaria"».

A pesar de todo el agradecimiento, los bizantinos no se convirtieron al catolicismo, sino que permitieron que prevaleciera la política bizantina. El emperador tuvo la amabilidad de desembolsar unos quince mil florines para ayudar a pagar los gastos ocasionados por Amadeo de Saboya y su fuerza cruzada.

Capítulo 14: Las cruzadas otomanas

«El Imperio otomano... Los gobernantes de Turquía eran, afortunadamente, tan corruptos que dejaban a la gente bastante tranquila. [Ellos] estaban mayormente interesados en robarles. Y los dejaban solos para manejar sus propios asuntos. Con mucha autodeterminación local».

—*Noam Chomsky*

El Imperio otomano, el mayor imperio contiguo de la historia del islam, se alzaría en Europa central para sacudir hasta la médula al antiguo gigante de Asia Menor: el Imperio bizantino. Los otomanos surgieron de varias tribus túrquicas que emigraron a Anatolia durante el tumulto de la expansión mongola. Estas bandas de guerreros finalmente se unieron bajo un líder dinámico: Osmán.

El Imperio otomano se levantó bajo Osmán (en realidad, el nombre del imperio proviene de Osmán, cuyo nombre es Uthman en árabe). Bajo Osmán, los turcos atacaron a los bizantinos en 1301, avanzando hacia Nicea, en el flanco sur del Imperio bizantino. Los bizantinos entraron en acción y enviaron un ejército para interceptar a los intrusos, pero los turcos se unieron y les infligieron una derrota impresionante.

Muchos refugiados salieron de Nicea (la actual ciudad turca de Iznik) y huyeron a las tierras altas de Nicomedia (la actual ciudad turca de Izmit). La lucha continuaría incluso después de la muerte de Osmán. En 1326, los turcos lograron apoderarse de la ciudad bizantina de Bursa.

Este puesto avanzado se convertiría en la primera capital del Imperio otomano, en rápida expansión.

Los turcos utilizarían Bursa como base avanzada. Finalmente capturaron la ciudad de Nicea en 1331. Unos años más tarde, en 1337, tomaron la cercana Nicomedia. Los otomanos se acercaban cada vez más al istmo —la delgada franja de tierra— que unía Asia Menor con el sureste de Europa, y los bizantinos parecían prácticamente impotentes para detener su avance.

Los otomanos pronto se adentrarían en los Balcanes y causarían un impacto duradero en lugares como Serbia, Bulgaria y Bosnia, impactos que todavía se dejan sentir hoy en día.

Mientras tanto, el Imperio bizantino estaba sumido en el pánico. En 1342 estalló un desastroso conflicto entre dos pretendientes bizantinos al trono, lo que empeoró aún más las cosas.

Se trataba de la sucesión de un joven príncipe bizantino, Juan V Paleólogo, impugnada por su regente, Juan Cantacuceno. En el transcurso de la lucha, Cantacuceno se desesperó lo suficiente como para entablar amistad con el enemigo natural del Imperio bizantino: los turcos. Se alió con un caudillo turco llamado Orkhan (también escrito Orhan). Con la ayuda de sus aliados turcos, Juan tuvo éxito en su intento y acabó convirtiéndose en el emperador bizantino Juan VI.

Los turcos habían ayudado en gran medida a Cantacuceno en su búsqueda, pero ahora estaban acampados prácticamente fuera de las poderosas murallas de Constantinopla. Los otomanos seguirían alistados como tropas auxiliares, defendiéndose periódicamente de las invasiones búlgaras. Estos enfrentamientos llevaron a los turcos a acampar en la península de Galípoli. La toma de este territorio fue vista con recelo por los bizantinos, ya que habría permitido a sus «aliados» atacar fácilmente el corazón del Imperio bizantino.

La situación empeoró aún más en 1354, cuando un terremoto derribó las murallas fortificadas de varios asentamientos bizantinos de la región. Con la mentalidad medieval que había, esto no se vio como una coincidencia. Los turcos lo tomaron como una invitación divina para apoderarse de las ciudades que habían quedado «milagrosamente» indefensas.

Después de este evento, los turcos otomanos estaban profundamente arraigados en lo que antes había sido el corazón del sur de los bizantinos. Los bizantinos estaban tan indignados por estos acontecimientos que al parecer echaron toda la culpa a las maquinaciones políticas de su emperador y obligaron a Juan VI Cantacuceno a dimitir en 1354.

Unos diez años más tarde, en 1362, los otomanos obtuvieron un poderoso líder llamado Murad I, una figura que serviría como fuerza unificadora de los otomanos hasta su muerte en 1389 durante la batalla de Kosovo. Murad I comenzó el proceso de cercar completamente la capital bizantina de Constantinopla haciéndose con el control de ambos lados del istmo sobre el que se asentaba la gran metrópoli. Los bizantinos tenían muy pocas esperanzas de triunfar en el frente militar, por lo que recurrieron a la diplomacia y firmaron un tratado con el sultán otomano.

Durante un tiempo habría paz, pero los bizantinos quedaron sometidos a los otomanos y obligados a pagar tributos. Esta sensación de desesperación hizo que en los círculos bizantinos se volviera a hablar de salir del atolladero en el que se encontraban.

Mientras tanto, los serbios de los Balcanes se habían hecho más fuertes. En 1363, consiguieron unir fuerzas con tropas húngaras, valacas y bosnias para hacer la guerra contra las posiciones turcas en Adrianópolis. La ofensiva tuvo éxito al principio, pero en uno de los reveses más ridículos de la historia, esta coalición de fuerzas procedió a celebrar sus ganancias allí mismo, en el campo de batalla. Acamparon cerca del río Maritza y bebieron hasta caer en el olvido. Mientras dormían los efectos de sus fiestas, los otomanos lanzaron un asalto contra ellos. Estos guerreros resacosos no estaban en condiciones de luchar y se vieron obligados a huir. Muchos de ellos perecieron en el proceso.

Los turcos consolidarían sus avances y harían de Adrianópolis (Edirne) su capital oficial. Fue debido a todos estos acontecimientos que el papa convocó la cruzada Saboyana. Como se mencionó en el capítulo anterior, en la cruzada Saboyana participó el duque Amadeo de Saboya, que casualmente era primo del emperador bizantino.

La cruzada logró hacer retroceder a los turcos en su avance, lo que se tradujo en la toma de Galípoli. Los turcos siguieron avanzando en los Balcanes y el 26 de septiembre de 1371 se enfrentaron a otra coalición balcánica liderada por los serbios. Esta batalla pasaría a la historia turca como *Sirf Sindigi* («La destrucción de los serbios»).

El nombre de esta batalla no es una mera hipérbole, ya que un ejército fue aniquilado y gran parte de la nobleza serbia fue destruida en esta catastrófica embestida. Después, los otomanos ocuparon gran parte de Serbia y otros territorios balcánicos.

Pronto surgiría un campeón en la figura de Lazar de Serbia. Intentaría hacer retroceder el avance otomano una vez más. Lazar creó otra coalición, esta vez formada principalmente por búlgaros, bosnios, serbios, valacos, albaneses y húngaros.

Murad I no tardó en responder a esta incursión, y ambos bandos se enfrentaron en una batalla culminante en 1389, que se conocería como la batalla de Kosovo. Los turcos salieron victoriosos una vez más, pero su victoria sería agridulce, ya que su líder, el gran Murad I, pereció.

Pero Murad no murió en combate. Un serbio llamado Miloš Oblić se coló en el campamento otomano y asesinó a Murad. Tras este suceso, Lazar de Serbia, que había sido capturado y hecho prisionero de guerra durante la batalla de Kosovo, fue ejecutado en represalia. Su hijo, Stefan Lazarević, lo sucedió en el trono, pero no tenía estómago para las cruzadas y acabó convirtiéndose en una marioneta obediente de los turcos mientras los Balcanes eran lentamente desmembrados por el Estado otomano.

En 1391, los turcos se apoderaron de Bosnia y un par de años más tarde, en 1393, Bulgaria quedó bajo dominio turco. Con los Balcanes bajo su dominio, la maquinaria bélica turca volvió a centrar su atención en los bizantinos. Pocos años después de la caída de Bulgaria, los turcos sitiaron la ciudad bizantina de Nicópolis y lograron tomarla. El príncipe Mircea de Valaquia dirigió una nueva coalición de cruzados cristianos por el río Danubio. Se dirigieron a Nicópolis para enfrentarse a los turcos.

Este enfrentamiento se conocería más tarde como la batalla de Nicópolis, que tuvo lugar en 1396. Los turcos habían fortificado fuertemente la ciudad, y pronto quedó claro para los cruzados que tomarla no sería una hazaña fácil. Los cruzados carecían incluso de los elementos más básicos del equipo de asedio.

El sultán Bayezid I, que subió al trono en 1389, había sido alertado de lo que ocurría y llegó al lugar con una fuerza formidable. Sin embargo, los turcos no atacaron inmediatamente a los cruzados. Acamparon en las inmediaciones, desafiando a los cruzados a ser los primeros en atacar. Estos últimos mordieron el anzuelo y no tardaron en atacar al enemigo. El ataque fue prematuro, y los que habían cargado de cabeza contra el enemigo se encontraron en una posición extremadamente vulnerable. Los turcos pudieron acercarse y aniquilarlos.

El resto de la batalla fue una derrota, ya que el desorganizado ejército cruzado comenzó a retirarse en medio del caos. La mayoría de los que se quedaron atrás murieron, pero algunos fueron hechos prisioneros. Johann Schiltberger, que participó en el bando de los cruzados, anotó su versión del suceso. Schiltberger declaró:

> «Entonces se ordenó a cada uno que matara a sus propios prisioneros, y para los que no quisieran hacerlo, el [sultán] designó a otros en su lugar. Entonces cogieron a mis compañeros y les cortaron la cabeza, y cuando llegó mi turno, el hijo [del sultán] me vio y ordenó que me dejaran vivo, y me llevaron con los otros muchachos, porque no mataron a ningún menor de 20 años, y yo apenas tenía 16».

Este testimonio es indicativo de la costumbre turca de perdonar a los jóvenes, ya que podían ser obligados a servir al ejército otomano.

En este punto, la situación en Constantinopla era totalmente insostenible. Los bizantinos estaban rodeados y sabían que su metrópoli, enclavada justo en medio de un vasto imperio turco, sería engullida en breve. De hecho, el emperador bizantino se «escabulló» de su reino para viajar a Occidente y pedir ayuda y una nueva cruzada.

Sin embargo, no se realizarían esfuerzos serios hasta unas décadas más tarde. En 1444 se formó otra coalición cruzada. En esta ocasión, se había urdido un plan para que la vanguardia principal del ejército cruzado marchara por el río Danubio al encuentro de los turcos, mientras que las naves venecianas serían enviadas a bloquear el estrecho, impidiendo que llegaran refuerzos a los Balcanes. Y por si esto fuera poco, se planeó que los griegos organizaran un ataque de distracción en el sur de Grecia.

Se creía que, si todas estas operaciones tenían éxito, entonces un pequeño grupo de unos pocos miles de turcos quedaría varado en los Balcanes. Sería fácil para los cruzados acabar con un número tan insignificante. Se esperaba que esta gran estrategia lograra expulsar a los turcos para siempre y dar a Constantinopla un respiro muy necesario. Pero como dicen, los mejores planes concebidos por hombres a menudo salen mal.

A medida que se desarrollaba la estrategia, los griegos hicieron su parte, creando una distracción en el Peloponeso, pero los venecianos se mostraron incapaces de bloquear el estrecho del Bósforo debido al mal tiempo. Sus barcos permanecerían en puerto. El ejército del sultán pudo cruzar a los Balcanes para reforzar la fuerza residual que había quedado allí. Esto significaba que los cruzados se enfrentaban a un ejército muy grande y formidable cuando las dos partes finalmente se encontraron cara a cara en las proximidades de Varna en noviembre de 1444.

Al darse cuenta de que los superaban en número, los cruzados se atrincheraron y literalmente rodearon sus carros mientras se movían a una posición defensiva para sostener el duro asalto que les esperaba. Al principio, la táctica de los cruzados les sirvió de mucho. Cuando los turcos avanzaron, los cruzados pudieron eliminar a unos cuantos lanzándoles una lluvia de flechas.

Los cruzados se enteraron de que un alto comandante turco había muerto durante el primer combate, lo que los animó mucho. Sin embargo, los otomanos continuaron su implacable avance contra los asediados cruzados. Los cruzados intentaron recuperarse y atacar a sus oponentes, pero fueron derrotados en lo que se convirtió en un desastre sin paliativos.

En medio de esta carnicería, el rey de Hungría fue asesinado. Su cabeza fue colocada en la punta de una lanza. Los turcos ondearon con orgullo este trofeo en el aire para que todos los cruzados lo vieran. Para ellos, el mensaje era bastante claro: su audaz comandante había caído, y no pasaría mucho tiempo antes de que el resto de ellos sucumbiera también.

Desde el punto de vista geopolítico, los griegos del Peloponeso serían los más perjudicados por esta debacle, ya que fueron inmediatamente subyugados y sometidos a represalias por su papel en la cruzada.

El Imperio otomano era un verdadero gigante y una potencia militar. Parecía que todos los esfuerzos por desalojarlo resultarían imposibles. Sin embargo, el papa Nicolás V estaba dispuesto a convocar otra cruzada como consecuencia de las pérdidas sufridas. Su mayor valedor fue Jorge Skanderbeg de Albania.

Esta figura destacada de la cristiandad reunió una fuerza adecuada de cruzados, pero al hacerlo provocó la ira del sultán Murad II, que inmediatamente atacó Albania. El campeón cruzado húngaro Juan Hunyadi y una coalición de húngaros y valacos enviaron tropas para ayudar a los asediados albaneses. Las fuerzas chocaron entonces en Kosovo, dando lugar a la segunda batalla de Kosovo de 1448.

La cruzada llegaría aquí a su fin, ya que fue una victoria otomana decisiva. Los turcos pudieron consolidar sus avances en los Balcanes y centrarse en derrocar al Imperio bizantino.

El hijo de Murad II, Mehmed II, logró esta hazaña pocos años después. Tras un prolongado asedio, Constantinopla cayó en manos de los turcos otomanos en 1453. Fueron las súplicas de Constantinopla las que habían impulsado las cruzadas en primer lugar, y ahora la otrora poderosa capital cristiana de Oriente había caído. El choque de la caída de Constantinopla fue profundo, no solo para la cristiandad, sino también para el mundo.

Capítulo 15: La Reconquista: preparando el escenario para lo que vendría

«El sultán Abderramán era uno de los gobernantes de los hombres enviados por el Cielo. Pronto pero cauteloso en el consejo y en la guerra, sin escrúpulos, prepotente y orgulloso, estaba tan dispuesto a llevar a cabo terribles venganzas como a perdonar políticamente cuando le convenía. Bereberes y yemenitas reconocieron que por fin habían encontrado a su maestro. Gobernó hasta su muerte, en 788, con la templada severidad, sabiduría y justicia que hicieron de su dominio el mejor organizado de Europa, y de su capital la más espléndida del mundo».

–S. P. Scott

La península ibérica se erige como una de las regiones geográficas más singulares del periodo cruzado. Como ya se ha mencionado, los reyes cristianos visigodos gobernaban España a principios del 700, pero empezaron a ser acosados y hostigados por las fuerzas islámicas que llegaban del norte de África. Cruzar el estrecho de Gibraltar y asediar las playas del sur de España era prácticamente pan comido. Y durante este periodo, los asaltos se producían cada vez con más frecuencia.

Todo ello desembocó en una incursión masiva de un caudillo musulmán cuyo nombre nos llega como Tariq en el año 711 de nuestra era. Las fuerzas de Tariq salieron victoriosas. Aplastaron a los visigodos y se apoderaron de casi toda la península ibérica. Los invasores avanzaron incluso hasta Francia, donde fueron detenidos por el poderoso soberano conocido como el Martillo, Carlos Martel (más conocido como Carlomagno).

De vuelta a la Iberia conquistada, toda la península había sido invadida, salvo los remotos enclaves montañosos donde una resistencia cristiana se mantenía con vida. Sin embargo, esta pequeña resistencia cristiana saldría un día del rincón en el que había sido arrinconada y reviviría la Iberia cristiana (a la que sus conquistadores musulmanes llamaban al-Ándalus).

En las primeras fases de la conquista, al-Ándalus fue supervisada por administradores procedentes de la dinastía omeya, con sede en Damasco (Siria). En la década de 740, los omeyas fueron derrocados y desplazados por otro grupo, los abasíes, lo que cambió el curso de la historia ibérica. Para empezar, la capital de la dinastía abasí era Bagdad (Irak). Esto significaba que los encargados de dirigir la península ibérica estaban bastante lejos de ella.

Pero el drama entre los abasíes y los omeyas aún no había terminado. Aunque los despiadados abasíes habían asesinado a gran parte de la antigua nobleza omeya en su afán de poder, un joven príncipe llamado Abd al-Rahman había escapado de sus garras. Como un rey en el exilio, Rahman creció con el fuego en el vientre y la determinación en el corazón de recuperar su reino.

Finalmente llegó a Córdoba en 756, donde se declaró soberano de un Estado omeya independiente. Tal vez por la brutalidad de los abasíes (y su apatía debido a la lejanía de sus puestos administrativos en Bagdad), los habitantes de Iberia aprovecharon la oportunidad para apoyar a Abd al-Rahman. Al parecer, los abasíes no opusieron mucha resistencia a esta toma de poder (si es que se dieron cuenta), e Iberia siguió siendo un emirato independiente durante un tiempo.

Con el tiempo, los encargados de dirigir al-Ándalus se dieron cuenta de que el mayor peligro al que se enfrentaban no procedía de las potencias musulmanas rivales, sino de los enclaves cristianos de las montañas del norte. Habían estado esperando pacientemente el momento oportuno para bajar y recuperar lo que una vez les perteneció.

Un despiadado líder musulmán que se hizo con el poder en al-Ándalus protagonizó esta lucha en la década de 980. Su nombre nos ha llegado como al-Mansur. Demostró ser un excelente estratega militar y consiguió mantener a raya a los cristianos del norte. También ganó terreno en la costa norteafricana de Marruecos.

El gobierno de al-Mansur era esencialmente una dictadura, y mientras aplastaba a los enemigos externos, también reprimía a los opositores internos. Consiguió limpiar la casa tan a fondo que diezmó la maquinaria burocrática interna que había permitido a los musulmanes controlar Iberia con eficacia. Al-Mansur fallecería en 1002, dejando tras de sí un legado de gobierno corrupto y caótico. El nombre que se dio a este periodo fue *fitna*, que significa «anarquía».

Al-Ándalus pasó de ser una península unida, con territorios que se extendían hasta el norte de África, a varios estados caudillistas. La división de al-Ándalus sería crucial para la reconquista cristiana de la península, ya que era mucho más fácil recuperar un trozo de España a la vez. Derrocar reinos menores era un objetivo más fácil que enfrentarse a un régimen unido y poderoso en toda la península.

Curiosamente, muchos de los estados caudillos más débiles se dieron cuenta de lo precaria que era su situación y empezaron a pagar tributo a algunos de los reyes cristianos más poderosos del norte de Iberia para evitar que atacaran.

A medida que los enemigos de los cristianos se iban fracturando, las dos potencias cristianas de León y Castilla se unieron cuando Fernando el Grande de Castilla se casó con la hermana (y a la postre heredera) del rey de León. Gracias a los tributos que recibían de los estados musulmanes, León y Castilla empezaron a enriquecerse poco a poco. En lugar de ser reyes vagabundos escondidos en el desierto, estos estados cristianos se hicieron financiera y militarmente fuertes.

Pero estos pequeños caudillos pronto empezaron a sucumbir a la presión del sistema de la *fitna*. Cuando los cristianos se hicieron con el control de Toledo, pidieron ayuda. En lo que fue esencialmente una llamada islámica a una cruzada contra los cristianos, se solicitó ayuda a los poderosos almorávides, que se habían apoderado de Marruecos. En 1086, aproximadamente una década antes de la primera llamada de Urbano II a una cruzada cristiana, los almorávides navegaron hacia Iberia y se enfrentaron a los cristianos ibéricos.

Las fuerzas islámicas obtuvieron una victoria y las tropas cristianas fueron expulsadas. Los almorávides no tardaron en darse cuenta de la debilidad del sistema fracturado que había existido en Iberia e intentaron restablecer una forma de gobierno más unificada. Pero no duró mucho. En cuestión de años, los almorávides fueron perdiendo poder y, hacia 1120, tuvieron que reconocer su derrota y abandonar al-Ándalus.

Los reinos cristianos estaban en auge y comenzaron a unirse cada vez más entre sí. León y Castilla fueron finalmente absorbidas por una potencia en ascenso conocida como el reino de Pamplona. Después de que Pamplona conquistara el reino de Aragón, se convirtió en el Principado de Cataluña, que fue mucho más grande.

Sin embargo, en los albores del siglo XI, el reino se replegó y Navarra se convirtió en el principal foco de la Iberia cristiana. Durante la segunda cruzada, en la década de 1140, el papa se percató de lo que estaba ocurriendo en Iberia y coordinó el envío de importantes efectivos a la península.

A instancias de Alfonso I Henriques de Portugal, soldados flamencos y un grupo de guerreros anglonormandos, que se dirigían a Tierra Santa, hicieron escala en Iberia. Unieron sus fuerzas a las de los portugueses para tomar Lisboa, importante ciudad portuaria ibérica y capital de Portugal.

Aunque gran parte de la segunda cruzada se recuerda como un fracaso estrepitoso, esta misión secundaria resultó ser un éxito asombroso. Lisboa fue recuperada para la cristiandad el 24 de octubre de 1147. Los caballeros cristianos siguieron siendo llamados a Iberia para apoyar la reconquista de vastas extensiones de tierra. Estas tierras empezaron a definir las fronteras de lo que se convertiría en Portugal y España.

Un acontecimiento interesante fue el establecimiento de una orden monástica ibérica única de caballeros, que se conocería como la Orden de Santiago. Santiago es conocido en la tradición cristiana como Santiago el Mayor. Se creía que los restos de Santiago habían sido milagrosamente descubiertos en el norte de España.

Según la tradición católica, Santiago había realizado una labor misionera en España antes de regresar a Jerusalén para dirigir la Iglesia primitiva. Dado que la supuesta visita de Santiago no se menciona en las Escrituras, no está del todo claro de dónde procede este relato. Sin embargo, la Biblia documenta que Santiago estaba en Jerusalén cuando fue martirizado. La leyenda española insiste en que su cuerpo fue enviado a España.

Esta orden de caballeros estaría a menudo en primera línea del conflicto para reconquistar Iberia. Antes de las órdenes ibéricas, los templarios tuvieron una participación limitada en la región, pero resultó mucho más práctico contar con órdenes monásticas nativas de la península para salvaguardar permanentemente los logros alcanzados en la Reconquista.

El avance hacia el sur contra los asentamientos musulmanes continuó, lo que dio lugar a un importante intercambio entre las fuerzas cristianas y musulmanas en 1195 en la batalla de Alarcos. En la fortaleza de Alarcos se refugiaron las maltrechas tropas castellanas. Al final, los castellanos tuvieron que admitir su derrota y rendirse, lo que provocó la pérdida de varias fortalezas estratégicas y nuevas incursiones de su adversario.

Pero, aun así, solo un par de años después, en 1212, se libró en Iberia otra tremenda batalla entre ambos bandos. La batalla de las Navas de Tolosa alteraría por completo el curso de la historia.

Una fuerza liderada por los reinos españoles unificados de Castilla, Aragón y Navarra se unió a un contingente de tropas portuguesas y asestó a sus oponentes un golpe contundente. Antes de esto, las fuerzas musulmanas habían recuperado cierto territorio y parecían estar en alza. Sin embargo, tras esta gran derrota, gran parte de lo ganado se perdería.

La mayoría de los historiadores creen que la batalla de las Navas de Tolosa fue el punto de inflexión de toda la Reconquista. Tras esta decisiva victoria, las fuerzas cristianas pudieron avanzar hacia el sur. En lo que respecta a los portugueses, un rápido avance hacia la región del Algarve en 1249 condujo a la toma completa del territorio que llegaría a definir el Portugal actual.

Sin embargo, no todas estas conquistas territoriales estuvieron exentas de polémica. Hay que tener en cuenta lo difícil que habría sido para algunos de estos reyes cristianos determinar quién se quedaría con qué. Resulta que el rey de Castilla no estaba contento con las pretensiones portuguesas en el Algarve, lo que dio lugar a una larga disputa entre ambas potencias.

El papa demostró ser un diplomático útil en este desacuerdo, ya que suavizó mediante negociaciones una disputa potencialmente mortal. El Tratado de Alcañices se firmó en el año 1297. En este tratado se fijaron las fronteras exactas entre Castilla y Portugal.

Esta mediación del papa sentó un precedente que se seguiría en años posteriores. El papado volvería a desempeñar el vital papel de mediador cuando Portugal y España se repartieron gran parte del Nuevo Mundo (las Américas).

A medida que españoles y portugueses reclamaban su territorio en Iberia, los asentamientos musulmanes de la península se veían cada vez más apretujados hasta quedar encasillados en los enclaves más meridionales de la península ibérica. Pronto, todo lo que quedaría de al-Ándalus sería un único rincón meridional de Iberia, que pasaría a conocerse como Granada.

La expansión cristiana no quedaría sin respuesta. Una nueva potencia musulmana procedente del norte de África, los meriníes, entraría en escena. Los meriníes aparecieron alrededor del año 1275 y ofrecieron su ayuda a la asediada región de Granada. Sin embargo, su ayuda no siempre fue apreciada por los granadinos. Como ocurría antes, cuando llegaba la «ayuda extranjera» casi con toda seguridad se producían disturbios y opresión a nivel local.

Tras la llegada de los meriníes para reforzar la posición del enclave, los reyes cristianos se dieron cuenta de la importancia de hacerse con el control del estrecho que discurría entre la costa norteafricana y el extremo sur de España. Mientras no se cortara la conexión entre Granada y la costa norteafricana, siempre existiría la amenaza de incursiones y el envío de refuerzos desde los bastiones musulmanes de Marruecos. Por ello, asegurar el estrecho se convirtió en el principal objetivo de los cristianos.

Los reinos cristianos de Iberia libraron una guerra contra los recién llegados meriníes. En 1292, los cristianos lograron apoderarse de Tarifa. En 1310, el éxito fue aún mayor con la toma de Gibraltar. Gibraltar es la isla que se encuentra en el estrecho entre el norte de África y España. Era una parada conveniente para las fuerzas de invasión y tenía una importancia estratégica para los reyes cristianos. Los cristianos perdieron temporalmente Gibraltar en las contiendas que siguieron, pero en 1350 el dominio cristiano del estrecho era total. Granada estaba rodeada sin esperanza de refuerzos.

Al final, sería la poderosa pareja española formada por Fernando II de Aragón e Isabel I de Castilla la que lograría apoderarse de Granada en 1491. Terminaron la Reconquista, asegurando toda la península ibérica en 1492. Y como cualquiera que haya leído alguna vez un libro de historia sabrá, ese fatídico año de 1492 vio a un hombre llamado Cristóbal Colón surcar el océano azul en nombre de la Corona española.

Aunque Colón no se diera cuenta en aquel momento, se había topado con un continente completamente nuevo. Y como los ejércitos victoriosos de la Europa cristiana habían terminado la Reconquista, buscaban algo nuevo que hacer. Dirigirse al Nuevo Mundo y conquistarlo para sus países sonaba atractivo.

Pero, ¿por qué Colón navegó hacia el oeste? Bueno, la caída de Constantinopla y el consiguiente cierre de los antiguos caminos hacia Oriente llevaron a Colón y a otros exploradores a buscar una ruta alternativa hacia la India. Colón creía que podía encontrar la India navegando hacia el oeste, pero accidentalmente «descubrió» las Américas (para quienes no lo sepan, Leif Erikson fue el primer europeo en descubrir las Américas, aunque las tribus nativas habían vivido allí incluso antes de que Erikson realizara su viaje).

Las cruzadas y la Reconquista también fueron factores importantes en la exploración del Nuevo Mundo. Los portugueses y los españoles habían pasado siglos intentando recuperar Iberia, por lo que se habían vuelto comprensiblemente militantes de su fe. Habían librado cientos de años de guerras religiosas. Teniendo esto en cuenta, es más fácil comprender la mentalidad de los conquistadores cuando se enfrentaron a los mayas, aztecas e incas, civilizaciones que no habían conocido al Dios cristiano.

Cuando el conquistador español Hernán Cortés contempló cómo los aztecas realizaban sacrificios humanos y los sacerdotes aztecas arrancaban el corazón a sus víctimas, su reacción fue comprensible y predecible. Los españoles y portugueses estaban decididos a conquistar esta nueva tierra para Cristo, igual que habían hecho en Iberia.

Para bien o para mal, estos aguerridos cruzados cristianos, en la cresta de la ola de la victoriosa Reconquista ibérica, estaban dispuestos a conquistar el Nuevo Mundo. Por mucho que hoy en día tendamos a condenar a estos hombres (y sin duda hay muchas razones para hacerlo), uno solo puede imaginar lo que podría haber ocurrido si las fuerzas del islam hubieran sido las vencedoras en lugar de los cristianos. En ese caso, ¿habría zarpado del bastión islámico de Iberia una versión musulmana de Colón para descubrir el Nuevo Mundo? ¿Los ejércitos del islam habrían dado a los nativos americanos la opción de someterse al islam o ir a la guerra? En lugar de tener un México, Cuba, Colombia y Brasil incondicionalmente católicos, ¿tendrían estos países mezquitas en cada esquina?

¿Qué sentido tiene mencionar todo esto? La cuestión es que los que participaron en la Reconquista eran militantes, brutales y agresivos, pero no más que sus oponentes islámicos. Es imposible asegurarlo, pero si los musulmanes hubieran sido los que hubieran viajado al Nuevo Mundo, su conquista de las Américas probablemente habría provocado la misma desestructuración de las civilizaciones nativas americanas. No obstante, es seguro afirmar que a lo largo de la historia se ha derramado mucha sangre en nombre de la religión.

Conclusiones: El legado perdurable de las cruzadas

Nos guste o no, las cruzadas son un eje crucial de la historia. Sin ellas, el mundo actual sería muy distinto. Por mucho que nos sintamos tentados de demonizar a uno de los bandos, estaríamos ignorando el panorama. Las cruzadas no se iniciaron por el mero capricho de un papa que quería ser cruel y desagradable colonizando Oriente Próximo. Las cruzadas fueron una operación defensiva destinada a ayudar a los bizantinos griegos.

Y estemos de acuerdo o no, la posterior toma de Tierra Santa también se consideró una especie de Reconquista, ya que todo el Levante había estado controlado por los cristianos hasta que las fuerzas del islam se apoderaron de los territorios por la fuerza en el siglo VII. En la época de las cruzadas, la cuestión de quién tenía el control de estas tierras se veía a través de la brutal lente de la Edad Media, en la que los derechos de propiedad recaían en quien estuviera dispuesto a luchar por ellos.

Si se presentara un retrato claro y equilibrado de las cruzadas y de lo que condujo a ellas, veríamos que ambos bandos utilizaron la misma ideología fanática para justificar su brutalidad intransigente. No había «buenos» ni «malos» en estas guerras religiosas. Cada bando pensaba que estaba justificado. Y la mayoría de las veces, cada bando pensaba que el fin justificaba los medios. Este es, de hecho, el legado final de lo que se conocería como las cruzadas.

Vea más libros escritos por Enthralling History

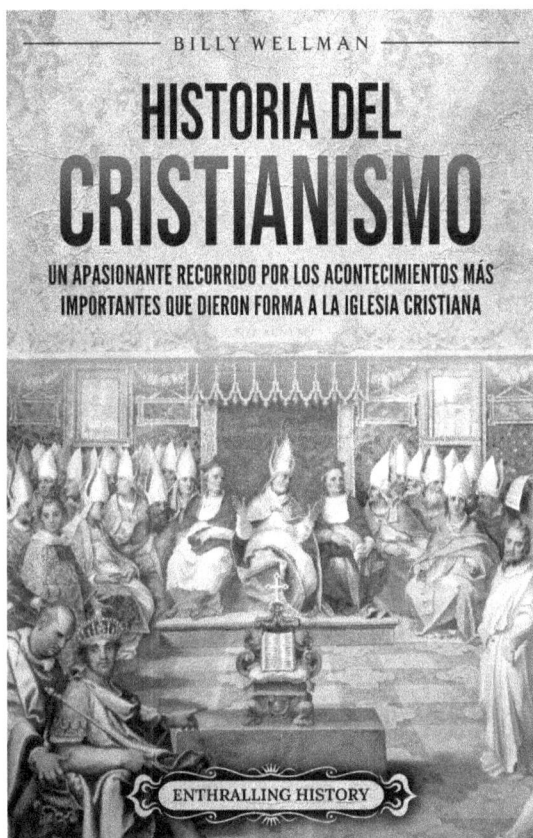

BILLY WELLMAN

HISTORIA DEL
CRISTIANISMO

UN APASIONANTE RECORRIDO POR LOS ACONTECIMIENTOS MÁS
IMPORTANTES QUE DIERON FORMA A LA IGLESIA CRISTIANA

ENTHRALLING HISTORY

Apéndice A: Lecturas complementarias y referencias

Disney, Anthony. R. *A History of Portugal and the Portuguese Empire*. 2007.

Ellul, Max. *The Sword and the Green Cross: The Saga of the Knights of Saint Lazarus from the Crusades to the 21ˢᵗ Century*. 2011.

Madden, Thomas. *Crusades: The Illustrated History*. 2002.

Murray, Alan. *The Crusades: An Encyclopedia*. 2008.

Riley-Smith, Jonathan. *The Knights Hospitaller: In the Levant, c. 1070-1309*. 2012.

Turnbull, Stephen. *The Ottoman Empire: 1326-1699*. 2003.

www.ingramcontent.com/pod-product-compliance
Lightning Source LLC
LaVergne TN
LVHW051751080426
835511LV00018B/3301